内蒙古大学
经济管理学院
学 术 文 库
·
第一辑

吴金燕

著

金融化与实体经济发展

FINANCIALIZATION AND THE DEVELOPMENT OF THE REAL ECONOMY

本书出版得到以下科研项目支持：

1. 教育部人文社会科学一般项目：房地产金融化冲击的时变债务风险传染研究：识别、机制及对策（23YJC790152）

2. 内蒙古自治区自然科学基金青年项目：房地产金融化对地方政府债务风险的影响效应研究：识别、机制与防范（2024QN07017）

经济管理出版社
ECONOMY & MANAGEMENT PUBLISHING HOUSE

图书在版编目(CIP)数据

金融化与实体经济发展/吴金燕著. --北京：经济管理出版社，2025.9. -- ISBN 978-7-5243-0142-4

Ⅰ. F832；F124

中国国家版本馆 CIP 数据核字第 20255UX560 号

组稿编辑：王光艳
责任编辑：王光艳
责任印制：许　艳

出版发行：经济管理出版社
（北京市海淀区北蜂窝 8 号中雅大厦 A 座 11 层　100038）
网　　址：www. E-mp. com. cn
电　　话：(010)51915602
印　　刷：北京市海淀区唐家岭福利印刷厂
经　　销：新华书店
开　　本：710mm×1000mm/16
印　　张：12.5
字　　数：220 千字
版　　次：2025 年 9 月第 1 版　　2025 年 9 月第 1 次印刷
书　　号：ISBN 978-7-5243-0142-4
定　　价：68.00 元

前言

PREFACE

党的二十大报告强调，坚持把发展经济的着力点放在实体经济上，明确了推动经济高质量发展的目标。实体经济作为国家经济的立身之本，是财富创造的根本源泉和经济稳定增长的重要支柱。但是，实体经济的发展面临以下挑战：一方面，实体部门因产品缺乏创新、生产效率低下等问题导致的发展动力不足，使其在竞争中处于劣势；另一方面，金融部门因具有收益高、资金回流快等优势吸引大量投机性资本，导致金融发展陷入自我循环，同时金融部门因内部资产价格高、杠杆高等问题导致金融发展脱离服务实体经济。因此，本书着重分析金融化对实体经济发展的影响，并提出通过推进金融业改革开放和实施供给侧结构性改革推动金融回归实体经济等对策建议。本书主要的研究内容如下：

第一，本书在梳理相关文献和总结相关理论的基础上：一方面，分别从促进和抑制两个角度分析金融化影响实体经济增和非金融企业金融化影响实业投资的机制；另一方面，构建精准衡量金融化的静态和动态权重综合指标，并应用马尔科夫区制转移向量自回归模型分析指标的波动特征，发现金融化和实体经济的发展主要处在低水平区制且指标波动具有惯性。

第二，在宏观层面，本书利用 Lasso 回归筛选影响实体经济增长的因素，并以 2012 年为节点分析金融化在不同阶段对实体经济影响的差异。全样本的结果证实金融化抑制实体经济增长，而分阶段结果由抑制变为促进，说明金融支持实体经济发展的对策已经取得成效。此外，构建马尔科夫区制转移向量自回归模型进行分区制分析发现，相较于低水平金融化，适度金融化对实体经济的促进效果明显且持续的时间更长；而高水平金融化的抑制影响仅在短期内发挥作用，随着时间延长且在金融资源得到优化配置后能够发挥促进作用。

第三，在中观层面，本书分析发现金融化对实体经济的影响具有门槛效应，其中适度引进的外商企业投资可与本地金融资源相结合共同发挥促进实体经济增长的作用；而不断增加的外商企业投资会因与本地资源进行竞争产生挤占效果，并在资金总规模超过本地金融市场的吸纳能力后起到抑制作用。此外，进一步将优选的时空权重矩阵纳入空间面板计量模型分析溢出效应发现，金融化影响实体经济的直接和间接效应均为正，能够提升本地区和邻近地区的实体经济的增长水平。

第四，在微观层面，同时控制省份、年份和行业固定效应的高维面板模型的分析结果表明非金融企业金融化抑制实业投资，而估计引入金融化平方项的模型发现，非金融企业金融化与实业投资间的关系主要位于“U”型曲线的左半支，即非金融企业金融化对实业投资的抑制影响占主导。经过更深入的异质性分析发现，我国自 2012 年起实施的金融支持实体经济的相关政策能够有效降低非金融企业金融化对实业投资的抑制程度，并且第二产业相较非第二产业、国有企业相较非国有企业、大型企业相较中小型企业的金融化对实业投资的挤占程度更深。

第五，对全书的内容进行总结，并据此提出便利非金融企业融资、促进区域协调发展和助推金融支持实体经济的对策建议。

本书的主要创新如下：

第一，已有研究通常采用准确度相对较低的单一指标衡量金融化水平，本书选取代表不同金融子市场的指标，并分别利用结构向量自回归模型和时变参数向量自回归模型的脉冲响应结果计算静态和动态权重，进一步对子指标赋予权重得到对经济冲击、宏观政策的影响更敏感和精确度更高的金融化综合指标。

第二，不同于已有研究利用逐步回归法确定纳入模型的影响因素，本书利用 Lasso 回归法不仅能够有效解决变量间存在的共线性问题，更能够通过筛选变量起到精简模型的作用。其中，利用交叉验证的方法通过对模型中的系数施加约束，筛选出部分对实体经济影响较小的因素，并将其对应变量的系数压缩至零；同时利用最小角回归算法，依照因素影响实体经济的程度对其进行排序，并依据最优步长完成筛选，以对交叉验证的结果进行稳健性检验。

第三，传统时间权重矩阵在模型构建中存在弊端，而本书利用全局莫兰指数计算时间权重矩阵，既能反映以前各期溢出效应对当期的影响，也能反映影响程度随时间延长递减的趋势。此外，不同于以往研究比较同一空间模型下不同类型时空权重的结果，本书选取时间权重矩阵与空间权重矩阵的克罗内克积构建时空权重矩阵，并通过比较时空权重矩阵与被解释变量矩阵的有效相关性来确定最优权重。

第四，由于传统面板计量模型在应用中受到限制，本书构建同时控制行业、省份和年份的高维面板固定效应模型以分析非金融企业金融化对实业投资影响的异质性。为克服分组回归系数不具备可比性的弊端，本书对分组回归系数的差异进行检验，并通过在模型中引入交乘项以反映不同组别间估计系数的差异。

目 录

CONTENTS

绪　论

一、研究背景及意义

(一)研究背景

1. 构建新发展格局需要强大的实体经济做支撑

改革开放四十多年，实体经济经历了多次重大转折，同时面临失去成本优势和人口红利、人口老龄化、环境污染、收入分配失衡、陷入“中等收入陷阱”等挑战。习近平总书记多次强调我国应该理性处理经济社会发展中存在的系列问题，并通过进行全方位的改革开放应对发展过程中的挑战。“十四五”时期，我国进入新发展阶段，在发挥内部循环优势的同时积极参与国际大循环，依托转变发展方式、增长动力和优化经济结构实现经济体系稳健运行。首先，我国通过升级产业链、引导要素资源集聚和金融资源倾斜等方式推动制造业发展，并将制造业的比重维持在稳定的水平来巩固实体经济发展。其次，在发挥工业体系优势的基础上，我国进一步推动新兴产业的发展，并针对核心技术进行创新以提升产业的竞争优势。最后，我国不仅通过建设新型基础设施支撑数字经济发展以推动实体经济升级，而且通过优化营商环境、推动要素市场改革和完善市场准入与监管体系来保障实体经济发展。

在积极构建新发展格局的背景下，国内大循环依靠扩大内需推动，主要从消费和投资两个方面展开：一方面，消费升级不仅能够通过带动消费性和生产性服务业发展使服务业的占比发生变化，而且能够通过带动产业升级推动企业充分利用创新和信息优势提供高端的产品及服务。另一方面，围绕消费升级，以及推动经济高质量发展开拓新的投资增长点，强化金融对产业升级、科技创新、绿色发展等领域的投资支持。可见，国内与国际循环相互促进有利于将全球范围内的资源和要素用于满足国内需求，并以国内循环为立足点，做实做强做优实体经济。

2. 金融高水平开放要求更好地服务实体经济

我国金融业开放从早期只允许在特区设立外资银行到1992年后取消外资银行设立的地域限制经历了漫长过程，并且开放程度在加入世界贸易组织后得到提升，最终随着外商在华设立金融机构和境外投资者参与商业银行的股份制改革逐步形成综合的服务网络。2018年4月10日，习近平总书记宣布我国将大幅放宽市场准入条件，并要求中国人民银行和各金融监管部门共同落实具体措施。可见，我国已经具备金融业改革开放的条件：首先，我国金融机构和金融市场等方面的改革已经取得一定进展，并且金融结构和金融监管体制不断优化和完善，为进一步扩大开放奠定了基础。其次，随着人民币加入特别提款权（SDR）货币篮子，我国可以在加强风险防控和金融监管的基础上将金融业开放拓展到国际范围。最后，“一带一路”倡议的实施和上海合作组织、东南亚中央银行组织等平台的构建有利于促进金融服务网络的形成和加强区域间的金融合作。与此同时，中国作为众多国际经济组织和机构的成员，在制定政策时应注意协调国内与国际标准，进而为推进改革开放提供便利。

目前，我国进一步深化金融业改革和扩大开放已取得显著进展：首先，我国在搭建服务于股票、债券和保险等各类金融市场基础设施的同时制定宏观审慎的货币政策和金融监管制度，有利于逐步健全金融体系。其次，我国不仅通过构建分散化的投资组合保持较高的外汇储备规模，而且通过合理的经营、管理和控制外汇应对突发事件和经济危机的冲击。最后，通过金融业开放加强了本国资本市场与全球主要资本市场间的联系，并通过提升金融市场的竞争力度提升了资金供给水平。可见，随着我国逐步放宽准入条件，众多国际金融机构将融入我国金融体系，并为政府投资、企业融资提供资金支持，为促进区域间金融合作提供便利。

综上可知，实体经济是肌体，金融是血液。金融业可以通过改革优化信贷结构、拓宽企业直接融资渠道和促进多层次资本市场的发展，以及推进技术创新、产业升级和基础设施改善等方面促进实体经济增长。为防范金融业开放带来的风险，我国不仅要依据金融监管能力控制金融开放的程度，还要配合稳健的货币、财政和产业政策为实体经济营造良好的金融环境，以全面发挥金融服务实体经济的作用。

（二）研究意义

1. 理论意义

早期麦金农和肖以发展中国家为样本证实金融与经济增长间存在“深化”或“抑制”的关系，提出了金融发展理论。考虑金融自由化发展受政府实行利率和汇率的限制，部分学者对金融发展理论进行补充和完善提出了金融约束理论和内生金融发展理论。随着金融发展趋于内生化和金融中介的产生，实体部门因交易成本和风险降低而获得了融资便利。但是，随着金融业的迅速发展，金融部门暴露出资金“空转”、资产价格泡沫化和杠杆飙升等问题，导致自身发展逐渐脱离实体经济。中国作为发展中国家面临同样的问题，为解决上述问题，通过深化金融体制改革和推进金融业改革开放来发展实体经济。基于此，本书综合考虑不同金融子市场中的因素用于精准测度金融化水平，进一步基于经典理论分析金融影响实体经济的机制，最终选取能够影响实体经济的金融和非金融因素并通过实证分析验证和完善金融发展理论。

2. 现实意义

在经济发展进入新发展阶段的背景下，本书分别从宏观、中观和微观的角度分析金融化对实体经济的影响。由于学界采取的测度金融化的方法各异，本书试图在考虑不同金融子市场中各因素的基础上构建综合指标，并通过分析金融化和实体经济的发展状况、趋势和波动特征认识二者在发展过程中存在的问题。考虑金融化在不同部门的表现存在差异，本书试图通过构建实证模型验证金融化对实体经济的促进或抑制效应，并分析二者关系在不同发展阶段、区制和区域所表现出的差异。此外，具体到非金融企业层面，本书试图分析不同行业、产权性质、企业规模下金融化对实业投资影响效应的差异。实证分析的结果可为政府制定金融服务实体经济和金融业改革开放等政策提供依据，并对促进实体经济增长、缩小区域间经济发展差异和促进实业投资等具有重要意义。

二、内容和方法

（一）研究内容

本书分别构造衡量金融化的综合指标和实体经济的单一指标，并利用马尔科夫区制转移自回归(MS-AR)模型分析指标的分区制波动特征。其中，宏观视角，本书利用 Lasso 回归法分析全样本和分阶段金融化对实体经济的影响差异，同时依据马尔科夫区制转移向量自回归(MS-VAR)模型的脉冲响应结果分析影响效果的区制差异；中观视角，本书分析全国和分区域样本内金融化对实体经济影响的门槛效应，同时分析金融化对实体经济的溢出效应在本地区和邻近地区的差异；微观视角，本书研究非金融企业金融化对实业投资的影响，并补充分析影响结果的行业、产权性质和企业规模异质性。

(二)主要研究方法

本书所使用的研究方法包括文献分析法、综合指标构建法和实证分析法。

1. 文献分析法

本书在梳理国内外关于金融化与实体经济二者关系的文献基础上，明确该问题研究的状况，并归纳总结出可用于构建金融化综合指标的子指标、影响实体经济的因素和分析二者关系的实证方法。

2. 综合指标构建法

本书选取金融资产合计、金融机构贷款余额、货币供应量等可表征不同金融子市场的指标，并对其赋予静态和动态权重以构造衡量金融化水平的综合指标。

3. 实证分析法

本书利用不同的计量方法对金融化与实体经济的关系进行分析，主要通过 Eviews 9.0、Stata 15.0、R、OxMetrics 和 Matlab 2018a 等软件实现。首先，采用时间序列模型包括 MS-VAR 模型、结构向量自回归(SVAR)模型和时变参数向量自回归(TVP-VAR)模型确定各金融变量的权重，并分析指标的波动特征。其次，分析金融化影响的区域差异，并分别利用面板门槛模型和空间面板计量模型分析金融化影响的门槛效应和空间溢出效应。最后，分别控制行业、省份、年份并利用高维面板固定效应模型分析非金融企业金融化对实业投资的影响。

三、研究思路及框架

(一)研究思路

本书在分析经济发展背景、梳理相关文献和理论的基础上研究金融化影响实体经济的机制，并从不同视角研究二者的关系。首先，本书构建衡量金融化和实体经济的指标用于分析二者的波动特征，并利用 Lasso 回归和 MS-VAR 模型从宏观视角分析二者关系的分阶段和分区制差异。其次，本书利用面板门槛模型从中观视角分析金融化在全国，以及东部、中部、西部地区对实体经济的影响差异，并进一步利用空间面板计量模型分析金融化影响实体经济的直接效应、间接效应和总效应。再次，本书构建高维面板固定效应模型从微观视角分析非金融企业金融化对实业投资的影响。最后，本书对实证分析的结果进行总结，并从便利企业经营、促进区域经济协调发展和助推金融服务实体经济等角度给出对策建议，具体的研究思路如图 0-1 所示。

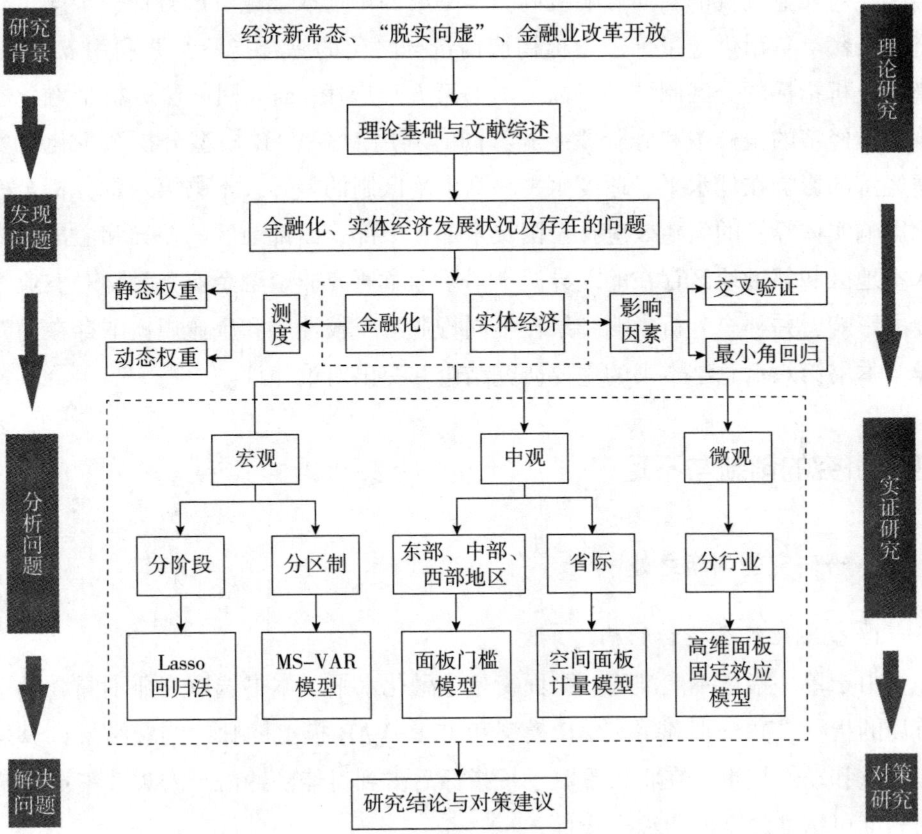

图 0-1 本书研究思路

资料来源：笔者绘制。

(二)研究框架

全书包括四个部分：绪论、理论基础与文献综述、实证研究和对策研究，具体内容及框架如下：

绪论部分对本书研究的问题及背景、研究的方法及思路、研究的创新之处及不足进行阐释。本书第一章介绍支撑研究问题分析的理论基础，并归纳和梳理国内外已有研究成果。本书第二章分别阐述金融化和实体经济的发展状况、存在的问题，同时对二者之间的关系进行初步分析。本书第三章分析金融化在金融部门与非金融部门间的传导机制，并探究金融化对实体经济、非金融企业金融化对实业投资的双向影响机制。本书第四章选取金融资产合计、金融机构贷款余额、货币供应量等子指标构造衡量金融化的综合指标，并利用 MS-AR 模型分析指标的分区制波动特征。本书第五章应用 Lasso 回归法分析金融化影响实体经济的全样本和分阶段差异，同时利用 MS-VAR 模型分析金融化对实体经济的影响在低水平、适度水平和高水平区制的差异。本书第六章分析金融化影响实体经济的门槛效应在全国及东部、中部、西部地区的差异和溢出效应在本地区和邻近地区存在的差异。本书第七章研究非金融企业金融化对实业投资的影响，并补充分析影响结果在不同行业、产权性质和企业规模下存在的差异。本书第八章总结本书的主要研究结论并提出对策建议。

四、研究的创新与不足

(一)研究的创新之处

1. 金融化综合指标的构建

由于单一指标不能准确、全面衡量金融化水平，本书选取表征不同金融子市场的指标，并分别利用 SVAR 模型和 TVP-VAR 模型的脉冲响应结果计算静态权重和动态权重，在将权重赋予子指标后得到对经济冲击、宏观政策更敏感和测度更精准的金融化综合指标。

2. 实体经济影响因素的筛选

已有研究一般利用逐步回归法确定纳入模型的影响因素，并在完成建模后进行变量的遗漏或冗余检验。本书利用 Lasso 回归法，辅助采用交叉验证法和最小角回归法筛选纳入模型的关键影响因素，其中，采用交叉验证法通过对系数施加约束，筛选出对实体经济影响较小的因素，并将其对应变量的系数压缩至零，而采用最小角回归法能够对影响实体经济的因素进行排序，并依据最优步长完成对各因素的筛选。可见，Lasso 回归法通过剔除结果中系数为零的解释变量，既能够有效解决变量间存在的共线性问题，也能够通过筛选变量起到精简模型的作用。

3. 时空权重矩阵的构建与筛选

由于传统时间权重矩阵将溢出效应的影响局限在当期或以往各期且影响程度在每期均相同，本书利用全局莫兰指数(Moran's I)计算时间权重矩阵，既能反映以往各期对当期的影响，也能反映影响程度随时间延长递减的趋势。此外，不同于以往研究估计同一空间模型下不同类型时空权重的结果，本书将时间权重矩阵与空间权重矩阵相乘得到时空权重矩阵，并通过比较时空权重矩阵与被解释变量矩阵的有效相关性来确定最优权重。

4. 高维面板固定效应模型的应用与组间系数差异的检验

由于仅添加个体和时间固定效应的传统面板计量模型在应用中受到限制，本书通过构建高维面板固定效应模型，同时控制不同年份、行业和省份的异质性。此外，为克服分组回归系数缺乏可比性的弊端，本书添加按宏观政策实施前后、第二产业与非第二产业、国有企业与非国有企业、大型企业与中小型企业分组回归的系数差异检验，并利用交乘项来反映不同组别之间估计系数的差异。

(二)研究的不足之处

本书尚存以下不足之处：一方面，在对实体经济进行概念界定时，本书为便于实证分析将房地产业全部归为金融部门的处理欠妥。由于受房地产性质的影响，本书难以明确区分居民的购房需求及动机，降低了指标测算的精度。另一方面，在分析金融化对实体经济的影响时，本书试图考虑添加政府干预和制度因素的影响，并在模型中纳入政府债券和固定资产投资等能够反映政府行为的指标。但是，由于受到制度因素量化方法的限制，本书在进行模型分析时尚未更全面地考虑制度因素对实体经济增长的影响。

第一章

理论基础及文献综述

CHAPTER 1

第一节

金融化与实体经济相关概念界定及相关理论基础

一、金融化相关概念界定

金融化源于20世纪90年代初，Sweezy和Magdoff(1972)发现金融在新兴资本主义运作中发挥的作用日益增强，并且经济逐步表现出金融化的发展趋势。随着金融部门重要性逐渐突出，金融化得到了更多学者的关注并从不同角度界定了其概念。

(一)金融资本家参与剩余价值分配

马克思指出，在剥削制度下，雇佣工人通过劳动创造满足自身和家庭需要的自用价值和被资本家无偿占有的剩余价值。产业资本家购买可变资本和不变资本进行生产，并通过延长工作时间、提高劳动强度和改进技术等手段榨取更多的剩余价值，最终与商业资本家、借贷资本家和土地所有者瓜分利润。资本主义生产因资本家缺乏商品生产的动力而停滞，并同时产生大量经济剩余被金融投资吸收和利用。随着经济剩余流向金融、保险和房地产等泛金融部门，经济金融化逐步形成。鲁春义和丁晓钦(2016)研究发现，金融化的本质即资本跳出参与生产、交换的循环而进入金融系统实现价值增值。随着金融资本的投资收益不断提高，经济体系内衍生出新的食利者阶层。金融资本家也参与到剩余价值的分配中，并通过在新的资本主义权力结构中发挥自身的管理优势，提高金融收入的占比，最终导致经济金融化的发展趋势越发明显(Duménil和Lévy，2001；Lapavitsas，2011)。

(二)金融资本积累方式逐步占主导

1974年前后，资本主义经济开始衰退，并表现出相互关联的三大发展趋势：经济总体增速放缓、全球垄断(或寡头)跨国公司的数量激增以及资本积累方式的转变。企业为获取垄断利润并不会扩大产品的供应，而是在控制生产规模的同时减少投资。可见，企业以金融渠道积累利润的方式逐步占主导，最终导致产业资本积累不足而拖累经济增长(Arrighi, 1994；Krippner, 2005；陈享光, 2016；陈享光和郭祎，2016)。为在维持利润的同时避免生产过剩，垄断资本家缩减实业投资而增加金融投资以获取收益，并进一步通过提高市场对金融产品的需求而加速经济金融化的进程(Sweezy, 1997；Orhangazi, 2006；杨居正，2013；蔡明荣和任世驰, 2014；谢家智等, 2014；张慕濒和孙亚琼, 2014；宋军和陆旸, 2015；张成思和张步昙, 2016；杜勇等, 2017；戴赜等, 2018)。

(三)金融相关活动在经济活动中占主导

早期金融化表现为金融业在经济活动中的优势日益突出，并且其规模呈现出不成比例的增长(Tobin, 1984)。Epstein(2005)从国内和国际角度分析发现，金融市场和金融机构通过发挥自身的职能逐步渗透到经济活动中以发挥关键的作用。此外，随着金融创新的推进，金融业发展迅速并为经济发展提供了多样化的金融供给渠道和专业化的金融技术，同时带动资金以利息、股息等形式从产业部门流向金融部门，导致经济体系内实业资产和金融资产的相对规模发生改变。可见，随着金融相关活动在经济活动中占主导，经济重心从传统的生产部门转向金融部门，进一步凸显金融化的发展趋势(任重道和朱贻庭, 2009；胡奕明等, 2017)。

可见，金融资本家参与剩余价值分配、金融资本积累方式占主导和金融相关活动在经济活动中占主导的综合作用促使经济金融化逐步形成。资本逐利性驱使其在金融和实体部门间自由流动，进一步加剧了部门间的竞争。特别是，不断扩大的利润差距使资本家倾向增加金融投资而减少实业投资。随着金融收益在总收益中的比重不断提升，经济体系内金融资本的积累和金融活动占主导。因此，经济金融化直接表现为资源在金融投资和实业投资方面分配比例的改变，从而带动金融部门和实业部门投资收益的改变，最终转变资金持有者的投资偏好和整个系统的资金流向。基于上述分析，本书参考 Epstein 的观点将金融化定义为在宏观、中观和微观经济层面，金融动机、金融市场、金融机构和金融业精英在国内外经济运行中的作用日益重要，促使金融业逐渐发展成为主导力量并对经济体系运作产生影响。金融化随着资本积累方式的转变和经济活动重心的转移逐步受到关注，同时凸显了金融业对维持经济体系平稳运行的重要性。

二、实体经济相关概念界定

目前，实体经济尚未形成统一的界定，学者普遍将给人们带来实际效用的经济活动纳入实体经济范畴。首先，从价值增值的角度来看，刘志彪(2015)基于资本循环公式分析价值增值的过程，并将以使用价值为媒介通过商品和服务的循环实现增值的经济活动定义为实体经济。其次，从定价方式的角度来看，实体经济主要以成本定价(成思危,1999)，而虚拟经济主要以资本化定价(刘骏民和伍超明,2004；刘骏民和张国庆,2009；成思危,2009；刘晓欣和张耀,2020)。再次，从经济活动的角度来看，实体经济包括与物质和精神产品的生产、销售和提供服务相关的经济活动(李晓西和杨琳,2000；秦晓,2000)，通过相关生产活动增加人类的福利等(吴立波,2000)。罗能生和罗富政(2012)将实体经济定义为物质和精神产品的生产、销售和消费主要依靠有形的物质和实物要素进行的经济活动。最后，从产业的角度来看，李强和徐康宁(2013)明确了第一产业、第二产业及除金融业和房地产业的第三产业属于实体经济。

本书对实体经济进行界定，并强调其范围不仅限于物质和服务的生产，还包括教育、文化和体育等方面精神产品的生产，同时纳入参与有形或无形产品流通的经济活动。

三、相关理论基础

金融结构理论作为分析金融发展理论的基础，详细阐释了金融与经济增长间的关系。本书从“深化”和“抑制”角度分析金融发展对经济增长的促进和抑制作用，并在分析过程中延伸出金融约束论、内生金融发展理论、金融中介理论和金融加速器理论，金融发展相关理论之间的关系如图 1-1 所示。

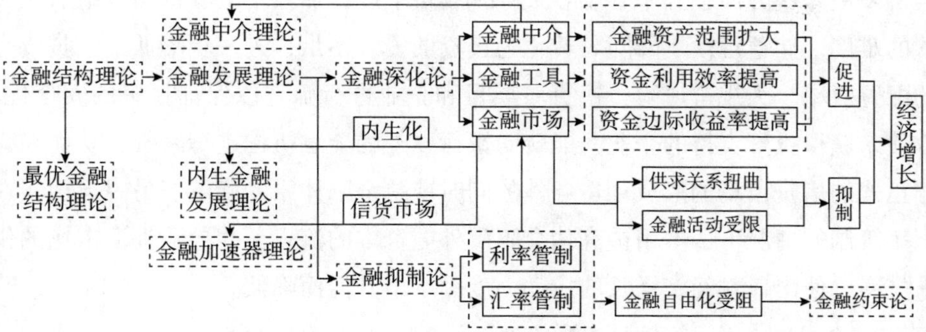

图 1-1　金融发展相关理论之间的联系

资料来源：笔者绘制。

(一)金融发展理论

1969 年，雷蒙德·W. 戈德史密斯(Raymond W. Goldsmith)指出，金融发展源于金融结构有规律的变化，并用金融相关率(FIR)指标反映金融发展的程度。在此基础上，1973 年麦金农(McKinnon)和肖(Shaw)以发展中国家为样本提出了金融发展理论，并从“金融抑制”和“金融深化”两个角度分析金融化与经济增长间的关系。

1. 金融深化论

肖认为，储蓄资金利用效率的提高有利于增加生产性投资的规模，金融发展可促进经济增长。随着经济体系内金融工具的发展趋于多样化，更多债权、所有权凭证和衍生工具等相关交易拓宽了金融资产的范围，进一步加剧了储蓄与投资的分离，最终形成两种影响经济增长的财富路径：一方面，储蓄在积累财富的同时能够实现增值，企业参与投资不再受到自有资金的限制，可以通过金融机构获得融资扩大规模；另一方面，金融机构的出现能够协调资金在投资者和储蓄者间的分配，有利于提升资金的利用效率和边际收益率。可见，金融结构的优化为资金转移提供了便利，有利于推动资金向收益高的部门流动，并且金融机构对储蓄的再分配能够通过增加投资规模起到加速经济增长的作用。

2. 金融抑制论

在了解发展中国家金融体制的基础上，麦金农研究发现政府限制和干预金融活动会扭曲市场内部的供求关系，造成金融部门因职能发挥受到限制而阻碍经济发展。一方面，利率管制导致存款收益下降，加大了金融机构吸纳居民存款的难度。储蓄规模下降随着转化为投资的资金不足，进一步降低了信贷资金的配置效率。为规避风险，银行对项目和企业进行筛选以保证投资的安全性，致使未获得投资支持的企业只能转向银行以外的金融机构进行融资，从而在为非正式的信贷市场的形成创造条件的同时威胁金融体系的稳定。另一方面，在汇率管制的情况下，本币被高估会阻碍外国资本的流入，并导致外汇市场的供求失衡，使出口对经济增长的拉动力度因本币升值而降低。

3. 金融约束论(新金融发展理论)

金融自由化在发展中国家受到阻碍，Hellmann 等(1997)分析了其背后的原因并提出金融约束理论，完善了金融发展理论。政府对金融发展施加约束并干预投资收益在金融、生产部门的分配比例，有利于提高金融部门投资、企业生产和居民储蓄的积极性，从而实现弱化金融抑制效应和为银行体系吸引储蓄的双重目标。政府在进行金融约束时会为银行提供便利，并通过加速存款转化为投资增加资金整体的供给规模。因此，适度的金融约束作为政府间接干预金融市场的方式能够起到促进金融发展深化的作用。

4. 内生金融发展理论

由于麦金农和肖依据经验提出的金融发展理论在实践应用中存在局限性并缺乏有效性，Pagano(1993)将经济增长和金融市场内生化，并构建内生增长模型用于探究金融发展的根源及其对经济增长的影响。

古典内生金融发展理论通过分析影响金融发展的因素追溯金融发展的内生动力。一方面，金融自身降低和分散风险的功能为维持金融市场的稳定创造了条件；另一方面，金融中介机构通过发挥信息获取和传播的优势为借贷双方提供融资便利，从而可在降低信息不对称影响的同时通过降低交易成本和完善交易机制促进金融发展。现代内生金融发展理论进一步考虑了法律制度、文化传统和利益集团等因素，具体包括交易风险(Diamond 和 Dybvig, 1983)、交易成本(Ohno 等, 1961; Diamond, 1984)、信息不对称(Brealey 等, 1977)等因素。可见，只有结构更合理和制度更完善的金融部门才能更高效地服务于经济发展。

综上所述，金融发展对经济增长存在双向影响。“深化论”强调，金融发展能够加速储蓄向投资的转化，有利于提高资金的利用效率和收益水平，最终通过储蓄和投资等效应拉动经济增长。“抑制论”强调政府利用利率政策、汇率政策对金融市场的发展进行干预，进而抑制金融发挥积极的影响效果。可见，发展中国家要适度对金融市场进行干预、放松管制，并通过促进金融业开放以强化金融发展对经济增长的促进作用。

(二)金融加速器理论

1989 年，Bernanke 和 Gertler 提出了金融加速器思想，另在 1996 年，将其作为机制加入新凯恩斯标准动态模型中，直到 1999 年，将上述模型定义为 BGG 模型，以利用新古典经济周期模型分析金融市场对宏观经济波动的影响。金融加速器理论认为，企业的资产负债表能够反映其融资能力，而其融资能力决定了自身可用于投资的资产规模。金融加速器理论的作用机制如图 1-2 所示。

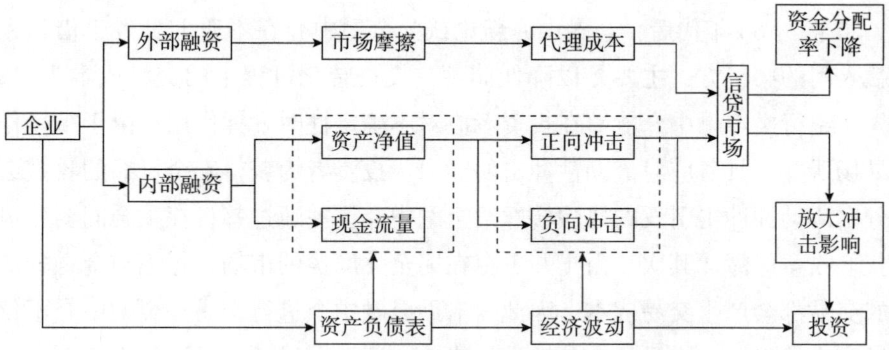

图 1-2　金融加速器理论的作用机制

资料来源：笔者绘制。

企业借助直接和间接两种渠道进行融资，并通过比较不同渠道的融资成本确定最优的融资结构。企业持有的现金和股权、债权资产是其直接融资的来源，当资金充足时可通过内部直接融资弥补资金缺口，而当资金短缺时转向外部间接融资。由于借贷双方间的信息不对称，银行获取关于企业投资项目信息的难度加大势必会增加交易的代理成本。此外，由企业负担的代理成本会造成外部融资升水，具体升水的程度与企业净值有关。其中，企业的净值可由资产负债表中对应的科目计算得到，并伴随来自市场的正向(负向)冲击而升高

(降低),基于此能够构建企业投资与资产负债间的联系。可见,相关交易的代理成本越高会使信贷市场的资金配置越低效,进而不利于企业投资,进一步降低投资对经济增长的拉动力度。

(三)金融中介理论

20世纪60年代前,在市场是完全竞争的假设前提下,学者研究认为,金融中介部门并不能够对经济活动产生影响。其中,Arrow和Debreu(1954)构建一般均衡模型分析发现,银行部门在竞争均衡时并未获取利润且不会对其他经济部门产生影响,其提出的"MM定理"同样证实金融中介部门在经济活动中是无关紧要的部门。Friedman和Schwartz(1963)研究发现,经济体系内的货币供给规模由各国中央银行控制,而银行只发挥货币创造功能并不能发挥金融中介功能。Modigliani和Miller(1958)后续学者依据银行等金融中介在交易中发挥的作用发现,以上研究因假设较为严苛而与现实并不相符,进一步对以上观点和模型进行修正,并对金融中介存在的原因给出合理的解释。

20世纪60年代后,金融中介新论认为金融中介在本质上是处于借款人和贷款人间的第三方,主要是以降低储蓄—投资转化过程中的交易成本为目的。首先,银行类金融中介能够在投资者应对不确定性时发挥作用。由于市场作为交易场所并不具备应对流动性冲击的能力,投资者为获得安全可靠的收益会将部分由流动性冲击引发的风险转嫁给金融中介,并通过签订存款合同弱化风险和获取收益保障。其次,由于并不存在完全无摩擦的市场,每笔与金融资产相关的交易都会产生交易成本,因此需借助金融中介进行交易。金融中介不仅可通过改进技术增加交易量来分摊交易成本,还可通过对金融资产进行创新和提高资金供给双方的匹配度来降低交易成本。最后,金融市场因交易中存在信息不对称导致的逆向选择和道德风险问题而失灵,一方面,金融中介的产生适用于解决信息再出售和剽窃等问题,有利于降低借贷双方核实和搜寻信息的成本。另一方面,由于单一贷款人的监督成本较高,交易双方通常委托金融中介机构进行监督,并利用金融机构的长期承诺机制减少道德风险(Grosfeld,1997)。

(四)最优金融结构理论

在新结构经济学研究的基础上,林毅夫等(2009)从需求侧的角度探讨金融结构的问题。首先,由于不同国家间实体经济的特性存在差异,因此不同国家对金融服务的需求不同。其次，为赢得国际分工地位和竞争力，各国因倾向于发展具有比较优势的产业而对要素的需求存在差异。最后，由于企业的风险特征存在差异，发展中国家主要面临经营和信用风险，而发达国家主要面临技术创新的风险。综合考虑不同国家的金融服务和要素需求、风险特征，林毅夫等(2009)认为最优的金融结构为中小银行适用于发展中国家，而大型银行适用于发达国家。我国作为发展中国家需要调整金融结构以匹配实体经济不同发展阶段的需求，如此才能有针对性地提供金融服务。

第二节 相关文献综述

一、金融化影响经济增长的相关研究：基于非空间角度

(一)金融化促进经济增长的相关研究

部分学者采用传统的计量方法分析发现金融化能够推动经济增长。Jedidia等(2014)利用自回归分布滞后(ARDL)模型研究发现，金融与经济发展间存在长期的正相关关系。Hassan 等(2011)按地理区域分类选取中、低收入国家的数据构建面板模型，研究发现金融发展与经济增长间存在正向关系，将贸易和政府支出等变量引入模型后金融发展的促进作用仍然显著。国内学者采用省际面板数据建模分析也得到金融化推动经济增长的结果，李强和徐康宁(2013)分别构建静态和动态面板模型分析发现金融发展可提高整体经济水平。基于传统索洛增长模型，李标等(2016)研究发现金融集聚能够推动创新，但创新对经济增长的拉动作用存在时滞。张同功和刘江薇(2018)基于省际面板数据分析发现直接融资对实体经济增长的支持作用显著。朱喜安和李文静(2019)分解影响实体经济的因素发现，金融发展能够促进实体经济增长。

部分学者对金融市场进行细分，从而有针对性地分析了股票和银行信贷等子市场发展对经济增长的影响。例如，Rousseau 和 Wachtel(2000)利用 47 个新

兴市场和发达国家的数据构建面板向量自回归模型进行实证分析发现，股票市场的流动性和传统金融中介机构的活动强度对人均产出具有主导作用，并强调股票市场发展的确可以通过多种渠道影响经济增长。Shen 和 Lee(2006)对比不同类型的金融指标对经济增长的影响发现，股票市场的发展对经济增长能够发挥促进作用，而银行业发展则起到相反的作用。Deidda 和 Fattouh(2008)研究发现，股票市场因发展程度高而对经济增长的促进力度强于银行信贷市场。Chukwu 和 Agu(2009)利用向量误差修正模型验证了金融深化与经济增长间存在稳定且长期的正向协整关系，特别是银行等金融机构发挥明显的促进作用。Peress(2011)认为，竞争的股票市场能够反映企业的信息和资本配置的情况，有利于信息在投资者间共享且能够在短期内促进经济增长。进一步，Rioja 和 Valev(2014)选取包括高、低收入国家在内的跨国面板数据进行实证分析发现，银行信贷和股票市场对经济增长的促进作用在高收入国家显著，而在低收入国家对经济增长并未发挥显著的促进作用。

(二)金融化抑制经济增长的相关研究

部分学者关注经济金融化的发展弊端并通过实证研究得到差异化结果，主要表现为金融化抑制经济增长。Palley(2007)认为，金融化伴随收入从实体部门转移到金融部门，使经济增长受到收入不平等加剧和债务紧缩的阻碍。Tridico 和 Pariboni(2018)研究发现，收入差距扩大和金融化水平提高会降低生产率，进而导致经济增长疲软。杨胜刚和阳旸(2018)利用省际面板数据研究发现，资产短缺会抑制实体经济增长，且抑制程度随资产短缺持续时间的延长而加深。Moosa(2018)分别利用信贷和股票占 GDP 的比重衡量经济金融化的程度，结果证实过度金融化不利于经济增长。其他学者观点还有，在金融服务业财务和权力集中会加深美国的金融化程度，金融部门经济实力和地位的不断提升吸引资金投向各种金融工具，导致因居民生活水平下降和政府对基础设施投资的降低从而经济增长下降。

(三)金融化与经济增长之间存在非线性关系的相关研究

一方面，部分学者研究发现金融化对经济增长的影响存在门限效应，并且影响结果在由门限值划分的不同样本区间存在差异。张亦春和王国强(2015)

基于省际数据构建双门槛面板模型研究发现，当金融与实体经济契合度较高时，对实体经济发展能够发挥促进作用，而偏离会起到相反的作用。潘海英和周敏(2019)构建面板门槛模型分析发现，金融化对实体经济的影响在阈值范围内为正，超出阈值后转为负向影响。金融化的“阈值效应”只存在于经济高涨期和衰退期，在经济正常期金融化只能发挥促进作用。

另一方面，部分学者对金融化与经济增长的非对称关系进行补充研究。Shen 和 Lee(2006)在模型中引入股票市场和银行代理变量的平方项分析发现，金融化与经济增长间存在倒“U”型的非线性关系。Cecchetti 和 Kharroubi(2012)分别选取发达和新兴经济体的数据进行实证研究，发现金融发展与经济增长间存在倒“U”型关系。不同于国外学者的研究，刘雅娇和胡静波(2018)利用省际年度面板数据分析发现银行信贷规模与实体经济增长间存在显著的“U”型关系。宋博(2023)的研究证实了金融化与实体经济增长间呈现倒“U”型关系，其中正向增长效应在合理阈值内达到最大。

综上所述，诸多学者利用非空间计量模型进行分析，得到了差异化的实证结果。首先，金融业迅速发展有利于经济增长，但影响效果因不同国家的收入水平和细分金融市场的类型不同而存在差异。其次，金融化导致资本从实体产业部门向金融部门转移，造成资金挤占、收入差距拉大、融资风险增大和损害居民利益等拖累经济增长的问题。最后，金融化与经济增长间存在门槛效应或“U”型非线性关系。此外，部分学者基于不同的影响机制展开分析，但并未得到金融化与经济增长间确定的影响关系。其中，Pagano(1993)研究发现，金融发展通过多种渠道促进经济增长，但是对金融市场产生和发展的认识不足可能会导致经济体系内存在降低储蓄率的因素，反而不利于经济增长。Hassan 等(2011)实证分析发现金融体系在中低收入国家对经济增长发挥促进作用，而在高收入国家获取相反的结果。Aizenman 等(2013)的研究证实金融与经济增长间存在非对称的联系。在加速增长的时期后，金融部门发生突发性金融收缩的可能性更大，对经济增长的影响发生突变。Ductor 和 Grechyna(2015)选取发达和发展中国家的面板数据研究发现，金融对经济增长的影响取决于二者发展的相对速度，在二者均衡增长时表现为积极影响，否则为消极影响。张同功和刘江薇(2018)研究影响实体经济的因素发现，直接融资具有积极影响，而投资挤占效应具有负面影响。可见，金融化对实体经济的影响较复杂，既可能表现为促进或抑制，也可能表现为促进和抑制共存。

二、金融化影响经济增长的相关研究：基于空间角度

我国经济增长取得了举世瞩目的成就，但是区域间的差距扩大也成为不可忽视的客观事实。王谦和董艳玲（2018）从全样本、区域间和区域内层面揭示出实体经济增长水平存在明显的地区差异。然而，金融发展水平是否对经济增长的区域差距具有影响，其影响机制如何，仍值得深入研究。实际上，经济金融化不仅可以被简单地理解为金融业的规模持续扩大，而且可以被深层次地理解为金融业通过发挥职能建立起与其他行业的联系，并经内部传导机制将自身的影响延伸到不同的产业和部门。因此，随着金融业影响经济增长区域差异的日益明显，学者开始关注二者间的关系，并开展了广泛的研究。

首先，部分学者构建空间计量模型进行溢出效应分析发现，金融化对经济增长具有促进作用。张林（2016）研究发现，金融发展和科技创新均能够促进实体经济增长，但二者交叉项对实体经济增长的影响不显著，说明金融和创新的非协调发展并不会对经济增长产生影响。为分析金融集聚视角下创新的空间效应和区域协调机制，张虎和韩爱华（2017）利用不同权重设定形式的空间计量模型进行分析，结果证实金融创新发展、科技创新对实体经济增长具有正向溢出效应。仲深和杜磊（2018）分析影响经济增长的因素并提出假设，通过对比非空间和空间面板模型的估计结果证实金融集聚能够促进区域经济增长。初春和吴福象（2018）利用空间杜宾模型（SDM）构建三种不同类型的空间权重矩阵分析发现，金融集聚能够促进本地区和邻近地区的经济发展。尹福禄和申博（2018）利用空间面板模型得出较高的金融发展水平和集聚度有利于推动地区经济增长，同时物质资本积累和合理利用外资能够强化金融发展对经济增长的促进作用。

其次，不同于以上研究，部分学者对金融化促进经济增长的作用提出质疑。唐松（2014）将我国划分为三个区域进行实证分析发现：金融对经济增长的促进作用在中部、西部地区明显，而在东部地区下降；相反，对邻近地区经济增长的抑制作用在中部、东部地区增加，而在西部地区减小。肖功为等（2018）以 2008 年为节点划分样本并构建不同阶段的空间杜宾模型进行分析，

结果表明，金融业产值对经济增长的影响在2008年以前为负向，2008年后变为正向，而金融业在岗人员发挥相反的作用，同时强调盲目扩大金融规模并不能有效促进实体经济增长。汪发元和郑军(2019)将研究范围具体到长江经济带并估计动态SDM模型，结果发现金融发展对实体经济的影响在本地区为正而在邻近地区为负。

最后，学者将研究细化到银行、保险和证券等金融子市场，证实不同类型的市场对实体经济产生了差异化的影响。例如，豆晓利(2013)研究发现金融子市场对经济增长的溢出效应会因市场类型的不同而存在差异，其中银行业发挥的作用最为显著。柏玲和姜磊(2013)利用省际面板数据构建空间杜宾模型分析金融体系对经济增长的影响，结果表明，银行业通过发挥竞争效应对经济增长的支持力度最强，而对证券和保险业的影响相对较低。胡东婉和宋玉祥(2017)利用面板数据分析金融集聚的溢出效应，研究发现银行业的正向溢出效应明显强于证券业和保险业，产生该结果的原因在于区域经济发展和金融行业结构不平衡。可见，银行信贷市场为实体企业提供支持的力度明显高于其他类型的金融市场，表明我国以银行业为主的间接融资体系对实体经济增长仍发挥重要作用。

综上分析，学界对金融化影响实体经济的分析工具从传统的面板模型逐步发展到纳入反映地理位置和空间信息权重矩阵的空间面板模型，相关的实证结果能够证实金融化与经济增长间存在促进关系，但溢出效应因金融市场类型、样本区域划分和模型纳入因素的不同而存在差异。

三、非金融企业金融化影响实业投资的相关研究

(一)非金融企业金融化测度的相关研究

梳理已有识别非金融企业金融化表现的相关研究，可为非金融企业金融化测度奠定基础。在金融市场发展的初期，投资者的利润源于商品生产和对外贸易。随着金融体系的发展健全和市场趋于完备，投资者转向金融渠道获取收益并积累利润(Arrighi, 1994；Krippner, 2005)。然而，非金融部门的金融化主要表现为资本积累以金融资本为主且其在总资本中占有较大份额。Orhangazi(2006)指出，企业金融化表现为金融投资份额和金融收益增加，导致金融与

实体企业间的关系由提供融资支持转变为抢占社会投资。Davis(2016)对企业资产负债表进行分解，并通过对比企业资金来源与用途发生的变化来识别非金融企业金融化的程度。国内学者杨居正(2013)认为，金融化表现为企业逐步依赖金融部门开展主营业务和参与金融投资的发展趋势。蔡明荣和任世驰(2014)研究发现，企业注重资本的运作和赚取非金融领域的利润，导致其自身发展逐步趋于金融化。谢家智等(2014)认为，实体企业为通过金融渠道追求高收益而增加金融投资会加深自身金融化的程度。

基于非金融企业金融化的表现，学者基于不同的层面和口径完成了指标量化。张慕濒和诸葛恒中(2013)基于全球价值链分工从宏观、部门和行业三个层面选取指标度量金融化。张成思和张步昙(2016)将是否包含应收股利、应收利息作为广义和狭义金融资产的划分标准，并分别测算对应口径下金融化的水平。胡奕明等(2017)为避免计算“相对规模”时总资产规模易受政策因素干扰而增加对金融资产绝对规模的测算，并通过对比新旧会计准则汇总得到金融资产的总规模。杜勇等(2017)基于企业资产负债表计算金融资产的规模，并以资产的持有比例衡量金融化水平。

为突破公开数据信息的限制，戴赜等(2018)分别从资产科目、利润来源和资产与负债相关性三个角度对更多类型的企业不仅限于上市企业金融化的水平进行测度。刘涛(2018)分析非金融上市企业金融化对投资效率的影响，以是否包含货币资金衡量金融资产的规模分别计算两项指标(含货币资金的金融资产和不含货币资金的金融资产)占期初、期末总资产合计值和总资产期末余额的比重衡量金融化。吴军和陈丽萍(2018)分别采用计算金融资产、金融收益占比的直接方法和通过实体投资比重衡量金融投资比重的间接方法度量非金融企业金融化的水平。此外，孙江永等(2023)将金融化进一步细分为“蓄水池”和“实体投资替代”金融化，并分别通过不生息的货币资金占总资产的比重和风险性金融资产占总资产的比重衡量。可见，对非金融企业金融化水平的测度主要依据企业的公开信息和资产负债表进行，并且测度结果因金融资产、金融收益的定义不同而存在差异，最终得到狭义和广义、相对和绝对规模的金融化水平。

(二)企业金融化与实业投资关系的相关研究

1. 企业金融化抑制实业投资的相关研究

部分学者通过实证分析发现金融化对实体投资产生负向影响。Stockhammer

(2004)研究发现，管理者迫于股东权利的压力采取更接近股东偏好的管理政策，使企业开始追求金融利润。Orhangazi(2006)从企业层面分析发现经理引导资金远离实业投资转向金融投资，造成企业增加对金融市场的支出而减少内部可用于实际投资的资金。Davis(2013)研究发现，非金融企业金融化影响固定资产的投资和积累，并且管理层优先考虑金融目标以实现股东利润最大化。特别是，当公司层面出现波动时，经理人因缺少对长期项目的投资积极性而降低对固定资产的投资规模。Tomaskovic-Devey 等(2015)研究表明，企业只追求金融投资必然要以牺牲劳动力、国家的利益为代价。企业的经营目标由生产、市场份额向金融、股东价值转变会进一步加深自身的金融化程度，从而损害发达经济体的经济增长。Tori 和 Onaran(2017)选取公开上市非金融企业的面板数据进行分析，实证结果表明与虚拟投资相关的利息和股息支出均不利于企业进行固定资产等实业投资。Barradas(2017)利用欧盟成员国的面板数据研究发现，金融化伴随实际投资被金融投资分流而损害各国的投资结构。

国内学者对企业金融化抑制实业投资的研究包括：张成思和张步昙(2016)通过构建企业投资决策模型分析金融化的直接和间接影响，实证结果表明金融化降低企业的投资效率，并抵消部分货币政策助力实体经济增长的效果。杜勇等(2017)利用上市公司数据构建面板模型发现，金融化对企业未来的主业业绩具有明显的“挤出”效应，且该效应在国有企业表现更明显。盛明泉等(2018)利用我国 A 股上市公司数据分析金融化对全要素生产率的影响，结果表明金融化通过挤占实业投资和抑制创新投资产生负向作用，且该作用在融资约束低和投资短视的企业表现更明显。刘涛(2018)从对立角度分析金融化对投资效率的影响，并利用沪深上市公司数据构建异质性随机前沿模型，实证结果表明金融化挤占企业在实物领域的投资，使企业面临更严峻的融资约束和投资低效等问题。

部分学者考虑企业金融化对实业投资的抑制效应在长短期具有不同的表现，并补充分析产权和地区的差异影响。周彬和谢佳松(2018)以 2008 年为节点将样本区间划分为两阶段进行分析，研究表明实体企业金融化对实业投资的抑制作用在短期内表现为地方国有和民营企业的发展均受到限制，在长期则表现为民营企业受限制的程度更明显。基于我国的制度环境，杜勇等(2018)利用上市公司数据分析发现虚实经济非协调发展会促进金融投资而抑制实体投资，而抑制影响具有产权异质性且易受到地区金融发展水平的影响。

2. 企业金融化促进实业投资的相关研究

诸多学者得到金融化对实业投资能够发挥正向积极作用的研究结果。Stulz(1996)认为，企业对金融资产的合理配置能够促进实业投资，即企业将参与短期金融资产的投资作为储备资金，能够在提高资金利用效率的同时缓解企业的融资约束。Demir(2009)基于企业面板数据分析金融投资与固定投资收益率的差距对实际投资绩效的影响，结果表明收益率差距拉大会使金融投资增加，有利于改善企业短期经营业绩和满足企业的紧急资金需求。李青原等(2013)利用不同区域工业企业面板数据进行分析发现，金融发展程度提高有利于地区实体企业进行资本配置，但是地方政府干预会降低金融发展改善资本配置的效率。

综上所述，企业金融化对实业投资具有双向作用。戴赜等(2018)认为，企业金融化对经济发展存在双向影响，包括实体投资受阻、融资成本提高和债务负担严重等负面影响，以及资源配置优化、缓冲外部冲击和提供资金等积极作用。晋盛武和晋青青(2018)基于上市公司数据构建关于企业投资的动态模型，从内向和外向两个角度对金融化进行分析发现，金融投资的负向影响和金融收入的正向影响相互抵消，同时金融投资受到融资约束强度的影响，所以总体上金融化对实业投资并不存在负向影响，最终表现为金融化的抑制和促进作用同时存在。此外，赵杜悦等(2024)利用 A 股非上市金融企业数据构建非线性模型分析证实金融化与企业主业发展间存在到倒"U"型关系，并辅助门槛效应和异质性分析验证了金融化促进企业主业发展的适度边界。可见，金融化对实业投资的影响会因产权、地区的不同而存在差异，同时企业的类型、受融资约束的程度和所处的金融环境均会对其资本配置产生影响，最终影响企业实业投资的比例。

本章小结

本章第一节明确了金融化和实体经济的概念，为下文对其进行精准测度奠定了基础。本章进一步从金融结构理论出发对相关理论进行介绍，其中，金融发展理论阐述了金融发展与经济增长间的关系，该理论表明二者间存在表现为"金融深化论"的促进关系和"金融抑制论"的抑制关系。由于早期理论在实际应用中受到限制且对经济现象缺乏解释能力，金融约束论逐步形成并强调政府的适度干预有利于深化金融发展。金融中介作为资金供需双方的桥梁，在交易中起到降低交易成本和解决信息不对称问题的作用。金融加速器理论强调资产负债表能够反映企业内部直接融资的能力。此外，林毅夫基于新结构经济学的视角研究发现，有利于经济增长的金融结构因国家所处的发展阶段不同而存在差异，并在充分考虑要素结构和风险特征等因素后确定最优的金融结构安排为发展中国家以中小银行为主，而发达国家以大型银行为主。

本章第二节为相关研究的文献综述，首先梳理了国内外学者应用非空间模型分析金融化对经济增长影响的文献，并依据实证结果对促进、抑制作用和非线性关系进行分类总结。已有研究表明金融化与经济增长间不仅局限于线性关系，也存在门槛效应和倒“U”型等非线性影响关系。其次，梳理了学者利用空间计量模型分析金融化对区域经济增长影响的研究，已有研究得出金融化对区域经济增长的溢出效应在本地区和邻近地区存在差异。最后，梳理学者从微观角度分析企业金融化影响实业投资的研究，结果发现影响效果存在产权、区域和企业类型异质性。

第二章

金融化与实体经济的发展状况及存在的问题

CHAPTER 2

随着经济进入新发展阶段，经济结构的升级带动产业结构不断进行调整和优化，其中金融业发展迅速能够增加经济体系内金融资产的规模和提升金融财富的积累水平。

本章主要分析金融化、实体经济及金融支持实体经济的状况和存在的问题，一方面，利用金融和非金融部门指标的波动走势凸显经济金融化的发展趋势，并结合“五年计划(规划)”分析实体经济的发展状况。另一方面，梳理相关会议、文件和分析社会融资规模指标的变化趋势以反映金融对实体经济的支持力度，同时正确认识金融支持实体经济发展存在的问题。

第一节

金融化与实体经济的发展状况

一、金融化的发展状况

金融业在现代生活中的地位及发挥的作用不断提升，促使经济呈金融化的发展趋势，具体表现在以下方面：

(一)金融业对 GDP 累计同比贡献率增加

部分行业产值对 GDP 的贡献率如图 2-1 所示，其中工业产值对 GDP 的贡献率占绝对优势。1992~2003 年，金融业的发展处于起步阶段，产值明显低于其他行业。自 2004 年起，金融业产值开始上升，对 GDP 的贡献率持续增加到全球金融危机发生前。2008 年，金融业发展受全球金融危机影响严重导致其对 GDP 的贡献率有所下降。在我国实施“四万亿计划”恢复经济后，金融业的产值得到缓慢提升。

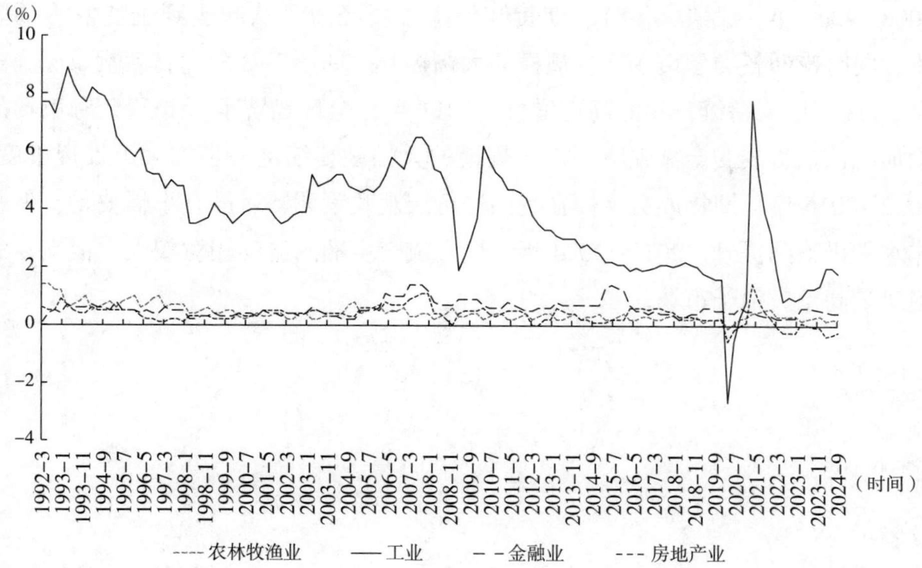

图 2-1　1992~2024 年部分行业对 GDP 的累计同比拉动率

资料来源：Wind 数据库。

2011 年后，为快速推动经济复苏，我国逐步采取量化宽松的货币政策。在乘数的作用下，经济体系内的货币规模大幅增加，有利于提升金融市场交易的活跃程度。2015 年，金融业的产值达到新高，并且对 GDP 的贡献率明显高于农林牧渔业、房地产业。自 2017 年以来，监管部门的工作重点转向防范系统性金融风险，导致金融业规模的增速呈下降趋势。近年来，由于房地产业的回报率较高，实体企业对其投资过热挤占了生产性投资的规模。房地产业的产值对 GDP 的贡献率在波动上升的同时，辅助带动了建筑业规模的增加。直到 2016 年，我国开始实施“去产能”和“去库存”后，房地产的投资热度才开始降低。同期，迅速发展的金融业对经济增长的拉动率提升，而工业在产值不断增加的同时对 GDP 的贡献率呈缓慢下降趋势。特别是，全球金融危机发生前后，工业与金融业对 GDP 的贡献率此消彼长，使经济增长从最初由工业发展带动逐渐转变为由工业和泛金融行业（Finance，Insurance and Real Estate，FIRE）等多部门共同拉动。

（二）金融市场交易活跃

2003 年，初步形成的金融市场发展缓慢，且交易规模处在较低的水平。

2003~2007 年，股票、债券、期货和保险市场经历了从起步到迅速发展的阶段，同时带动各类型市场交易规模的大幅提升。如图 2-2 所示，期货成交金额自 2008 年以来持续三年的高速增长。2011 年，全球经济下行导致金融市场风险加剧，期货成交金额骤降、市场规模的大幅度萎缩进一步加大了投资难度。2012~2016 年，期货成交金额在我国进行宏观政策调整后虽有小幅波动，但整体水平仍得到提升。2017~2024 年，期货成交金额的波动相对较大，但交易的绝对量高于其他子市场。

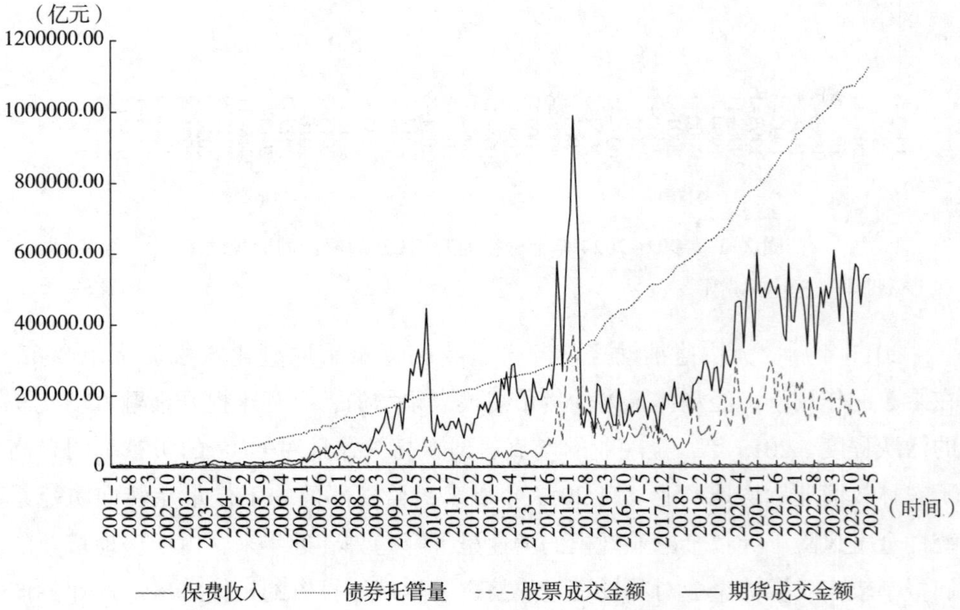

图 2-2　不同类型金融市场的交易规模

资料来源：Wind 数据库。

我国的保险市场起步相对较晚，2003~2013 年，保费收入一直维持在较低的水平，保费收入金融相较于其他指标太小，所以波动不明显。截至 2014 年 8 月，《国务院关于加快发展现代保险服务业的若干意见》发布后，保险业务结构得到了调整，加速了保险业的发展，并进一步加深了保险、民生保障与实体经济增长间的联系。2014 年 6 月，受货币政策超预期宽松的刺激，沪深两市 A 股市场呈迅速上涨的趋势。2015 年前 7 个月，我国 A 股市场的发展总体呈大起大落的态势。期间尽管政府出台救市政策，但仍不能有效缓解股票市场的泡沫。2016~2020年，股市的整体发展态势较为平稳，并未再次出现大幅度波动的情况。2021~2024年，投资者对股票市场的预期发生转变，导致相关交易的成交金额呈小幅下降趋势。可见，由于受到经济周期、通货膨胀与利率等宏观经济运行因素和货币政策、财政政策等宏观经济政策的影响，金融市场的交易不同程度地上下波动，但总体态势表现为活跃度不断提升。

(三)金融机构资产规模不断增加

随着金融市场日益完善，中国人民银行通过降低准备金率和创新多种货币工具用于增加金融机构的资产规模，变相提升实体经济的资金供给水平。为确保大型银行关注小微和民营企业的融资需求，中国人民银行专门创设定向中期借贷便利以提供有针对性的信贷供给，并发挥降低融资成本和提升资产质量的作用。金融机构具体的资产构成情况如表2-1所示。

表2-1 金融机构的资产构成

单位：亿元，%

年份	非金融资产	金融资产	年份	非金融资产	金融资产
2000	11307(5.25)	203871(94.75)	2009	19103(1.71)	1095778(98.29)
2001	11985(4.96)	229708(95.04)	2010	20249(1.55)	1289233(98.45)
2002	12704(4.55)	266536(95.45)	2011	21464(1.38)	1532653(98.62)
2003	13467(4.03)	320688(95.97)	2012	22751(1.23)	1819761(98.77)
2004	14275(3.46)	397987(96.54)	2013	24117(1.13)	2117985(98.87)
2005	15131(3.05)	480 614(96.95)	2014	25564(1.00)	2519545(99.00)
2006	16039(2.73)	572221(97.27)	2015	27097(0.88)	3062779(99.12)
2007	17001(2.27)	731449(97.73)	2016	28723(0.78)	3641061(99.22)
2008	18021(2.01)	877225(97.99)			

注：数据公开截至2016年，括号内为资产占比。
资料来源：Wind数据库。

2000~2016年，金融机构总资产中金融资产的规模从203871亿元增加到3641061亿元，非金融资产的规模从11307亿元增加到28723亿元；金融资产所占的比重由94.75%上升到99.22%，而非金融资产的占比由5.25%下降到0.78%。金融资产在总资产中仍占绝大多数，可凸显金融部门发展的深化。

进一步分析金融资产的来源，贷款作为金融资产的主要来源其金额明显高于其他方面。特别是 2000~2007 年，股票和债券等其他类型市场尚未发展完善，在金融资产总规模中的占比较低。2008~2016 年，股票及股权、债券和证券投资基金的金额增加，带动金融资产总规模不断增加。随着金融化在金融机构间的传导，同业间的交易往来日益密切使资产规模得到提升。

在经济全球化的背景下，跨境贸易日渐增加。我国用于维持国际收支平衡和本国货币汇率稳定的国际储备资产规模增加，有利于提升经济的总实力和清偿能力。自 2013 年起，银行准备金的规模明显增加，并在 2016 年逐步接近股票及股权的规模。2012~2016 年，中国人民银行多次调整存款准备金率和金融机构准备金的规模，用于支持金融结构调整和小微企业融资。

由于金融资产中贷款所占的比重较大，本书进一步追踪金融机构的贷款投向。如表 2-2 所示，金融机构贷款投向第一产业的比重虽有小幅波动但基本保持不变，而投向第二产业的比重在 2012 年达到 43.04%后呈下降趋势。本书详细追踪贷款的用途发现，用于制造业的贷款规模自 2010 年开始增加，2014 年后基本维持在稳定的水平，而贷款投向非金融服务业的比重逐年增加，主要用于交通运输、仓储、邮政、批发和零售业。2014 年，在宽松的政策环境下房地产业的贷款金额占比为 9.16%。2015 年，楼市不断回暖随着房地产市场在短期升温后进入“去库存”的调整期，致使与房地产相关的投资和开发明显下降和放缓。

表 2-2　金融机构本外币贷款余额分产业对比结果

单位：亿元，%

年份	第一产业	第二产业	非金融服务业	金融业	房地产业
2010	6584.11 (1.83)	145520.63 (40.50)	171857.73 (47.83)	1725.96 (0.48)	33609.40 (9.35)
2011	7108.75 (1.73)	174942.27 (42.51)	192160.46 (46.69)	1581.09 (0.38)	35782.96 (8.69)
2012	7819.05 (1.67)	201773.18 (43.04)	217691.34 (46.44)	2501.26 (0.53)	39008.63 (8.32)
2013	9352.04 (1.76)	222606.83 (41.88)	250878.16 (47.20)	332.63 (0.61)	45 420.86 (8.55)
2014	10798.77 (1.84)	235639.57 (40.09)	283519.55 (48.24)	3969.80 (0.68)	53841.39 (9.16)

续表

年份	第一产业	第二产业	非金融服务业	金融业	房地产业
2015	11321.60 (1.70)	245688.87 (36.83)	318501.22 (47.75)	31342.20 (4.70)	60228.12 (9.03)
2016	11543.02 (1.61)	252383.57 (35.13)	354806.21 (49.38)	37050.18 (5.16)	62669.34 (8.72)
2017	12284.10 (1.54)	267530.02 (33.55)	410655.71 (51.50)	35049.21 (4.40)	71872.48 (9.01)
2018	12208.81 (1.45)	279198.5 (33.13)	415298.6 (49.29)	52028.47 (6.17)	83895.96 (9.96)
2019	12532.54 (1.32)	290406.10 (30.64)	489441.49 (51.64)	59799.00 (6.31)	9553.31 (10.08)
2020	14106.11 (1.33)	318130.68 (29.96)	560876.26 (52.83)	63933.15 (6.02)	104660.01 (9.86)
2021	15953.26 (1.36)	353746.74 (30.16)	627804.38 (53.52)	70940.04 (6.05)	104523.52 (8.91)
2022	18443.82 (1.40)	403386.08 (30.60)	703574.90 (53.38)	86175.41 (6.54)	106505.33 (8.08)

注：括号内为贷款余额占比。
资料来源：Wind 数据库。

2015 年，国务院继续深化推进金融改革并扩大金融业对内对外开放①，金融业贷款余额的占比从不足 1%增加到 4.70%。随后，金融业的实力明显提升，贷款余额占比从 2016 年的 5.16%增加到 2022 年的 6.54%。可见，以银行、证券、保险为代表的金融市场从起步到完善经历了较长阶段。在政府落实相关政策和监管措施的助力下，金融资产逐步积累并提高了经济的金融化水平，进一步使金融结构发生了显著变化。在我国进一步推进改革开放的背景下，金融业逐步成为经济增长的重要动力。

(四)非金融企业的金融性投资积极

非金融企业金融化主要表现为企业内部资本结构的调整，如图 2-3 所示。首先，企业的总资产规模不断上升，其中金融资产规模在金融市场发展初期较

① 国务院批转发展和改革委员会《关于 2015 年深化经济体制改革重点工作的意见》。

小。但是，随着金融市场逐步发展，企业不再只通过产品生产获取收益，而是转向金融市场获得投资收益，使总资产中金融资产的占比不断增加。其次，非金融企业的投资结构改变会引发利润来源改变。企业利润中源于产品、服务生产和销售的部分下降，而利用金融资本扩张和投资所得到的部分有所增加。最后，部分上市公司利用资金优势直接参与金融板块的投资和二级市场的交易，以股息、分红和利息等方式获得收益能够提升整体利润水平。在高收益的驱动下，更多的企业调整投资结构，并通过减少实业投资而增加金融投资不断深化自身的金融化程度。

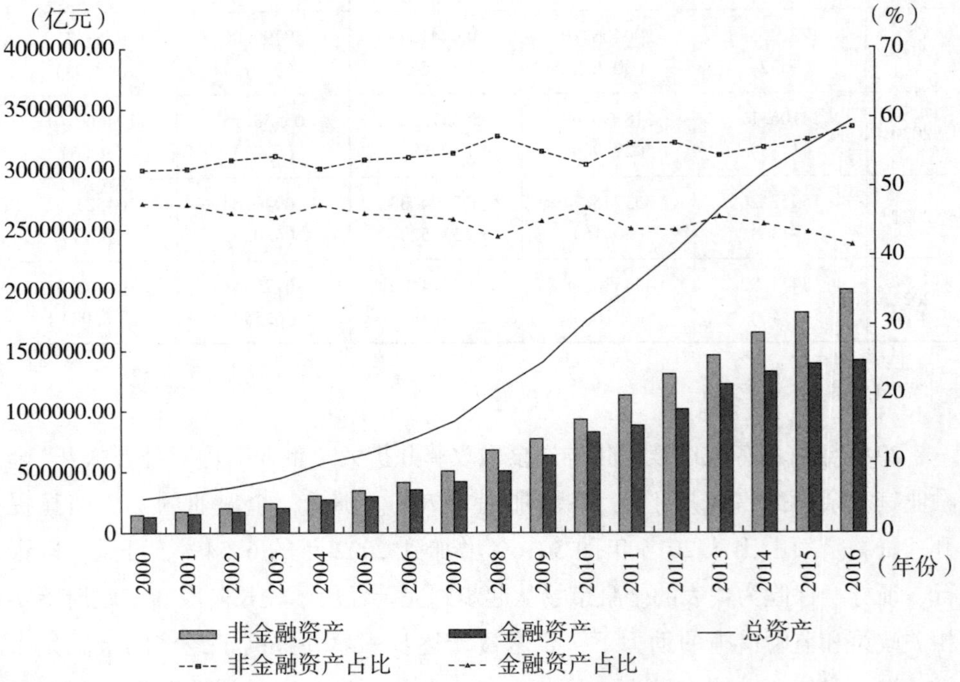

图 2-3　非金融企业的资产构成

注：数据公开截至 2016 年，次坐标轴为非金融资产和金融资产的占比数据。

资料来源：Wind 数据库。

（五）金融化的分区域发展状况

金融发展水平因原始积累和区位优势等不同而存在明显的区域差异，地方政府因此出台符合本地区发展规律的政策以推动金融业高质量、高效率发展。

不同区域的金融化平均水平如图 2-4 所示。

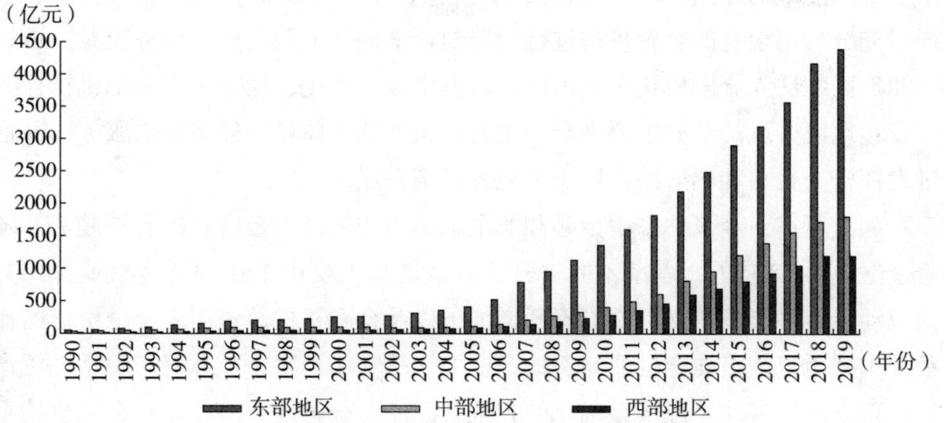

图 2-4　分区域金融业规模的平均水平比较

资料来源：Wind 数据库。

注：东部地区包括北京、天津、辽宁、上海、江苏、浙江、福建、山东、广东、海南、河北；中部地区包括吉林、黑龙江、安徽、江西、河南、湖北、湖南、山西；西部地区包括广西、内蒙古、重庆、四川、贵州、云南、西藏、陕西、甘肃、青海、宁夏、新疆。

图 2-4 反映出金融化存在明显的区域差异，其中东部地区的金融化水平明显高于中部、西部地区且一直处于领先地位。早期金融业的发展程度较低，东部与中部、西部地区的差异相对较小。但是，东部地区率先通过改革提高经济的发展速度和金融市场的成熟度，促进了金融工具创新和金融资源在区域内的集聚，使该地区的金融化水平随金融活动的日益活跃而不断提升；而中部、西部地区的经济发展水平和市场化程度相对较低，不利于金融市场交易和金融资源集聚。

我国东部、中部、西部地区金融发展不平衡的格局已经形成，并逐步体现在金融业规模和金融机构的分布上。东部地区金融机构的营业网点分布最密集，能够提供更多的就业岗位、需要更多的从业人员，并且该地区的资产规模因金融交易的数量多、规模大而远高于其他地区。此外，由于区域间金融市场的成熟度和盈利水平存在差异，新兴商业银行和其他商业性非银行机构倾向在东部地区设立分支机构，进一步增加了该区域内金融机构和从业人员的数量。

2010 年，西部地区法人金融机构个数的占比明显高于其他地区，但是随着法人金融机构在东部和西部地区相继增加分支机构，区域间的差距不断缩小。金融改革的原则①要求东北地区不可仅以增加金融机构的数量为目的，而要以充分利用现有的金融机构进行资源整合来提升金融机构的服务质量，所以东北地区的法人金融机构个数占比并未发生较大变化。地方法人金融机构作为欠发达地区金融活动的主要平台，主要为集体和个体私营经济提供服务，并通过发挥资金聚集和辐射的作用支持地方经济发展。

综上所述，经济体系中金融和非金融部门均表现出金融化的发展趋势。随着金融业对 GDP 的贡献率不断提升，经济增长主要由工业和泛金融业部门共同拉动。金融市场的交易规模不断增加，以及金融机构总资产中金融资产的比重、本外币贷款投向金融业与房地产业的比重和非金融企业总资产中金融资产的比重不断提升均是经济金融化的表现。此外，金融业产值，以及金融机构个数、从业人数和资产总额占比等指标均能反映出金融化的发展水平存在明显的区域差异。

二、实体经济的发展状况

改革开放 40 多年，得益于实体经济的稳固发展我国经济发展取得了较好的成绩。虚拟经济与实体经济相对，主要指金融业和房地产业。但是，由于房地产具有居住、保障和金融等复杂属性，学界对是否将房地产业纳入虚拟经济仍存在争议。其中，房地产的居住属性对应属于实体经济的建筑业，而房地产买卖的投机性又对应属于虚拟经济的金融业。与此同时，各部门对房地产市场的过度投资导致房价上涨，并且投机性购买使房产远离居住的基本属性（刘骏民和刘晓欣，2016；罗来军等，2016；苏治等，2017；周彬和谢佳松，2018；刘晓欣和张耀，2020）。因此，本书结合房地产市场交易的实际情况，在测算实体经济的发展状况时将房地产业剔除。

已有研究通常选取季度 GDP（冉光和等，2015；刘金全和解瑶姝，2016；李玉蓉和徐宁，2018）、工业增加值及其增速（曹源芳，2008；武鹏飞和戴国强，2019；胡久凯和王艺明，2020；贾高清，2020；姜松和孙玉鑫，2020）等指标表征实体经济。在明确实体经济的范围和涵盖的行业后，本书依据概念以

① 东北地区金融机构的改革与发展应遵循“不铺新摊子，不设新机构”的原则。

除去金融业及房地产业后的各行业的生产总值衡量实体经济(RGDP)，并进一步分析实体经济的发展状况和问题。

(一)实体经济的分阶段发展状况

本书对实体经济和虚拟经济进行测算，并分别计算二者占 GDP 的比重。如图 2-5 所示，我国仍以实体经济为主，但比重从 1978 年的 96.05%下降到 2023 年的 85.92%，呈小幅波动下降的趋势。虚拟经济总量占 GDP 的比重从 1978 年的 3.95%初步上升到 2001 年的 9.00%。2000~2010 年，我国金融业从初步发展到规模日益壮大，带动虚拟经济总量占 GDP 的比重小幅上涨。随着股票、债券等金融市场的发展金融交易规模增加，使虚拟经济总量 GDP 的比重在 2011 年进一步上升并在 2021 年达到 14.82%的最高水平。可见，我国的经济总量得到大规模提升，并且实体经济与虚拟经济的总量占 GDP 的比重均发生变化。本书将 1978~2023 年划分为 7 个阶段进行分析(见表 2-3)。

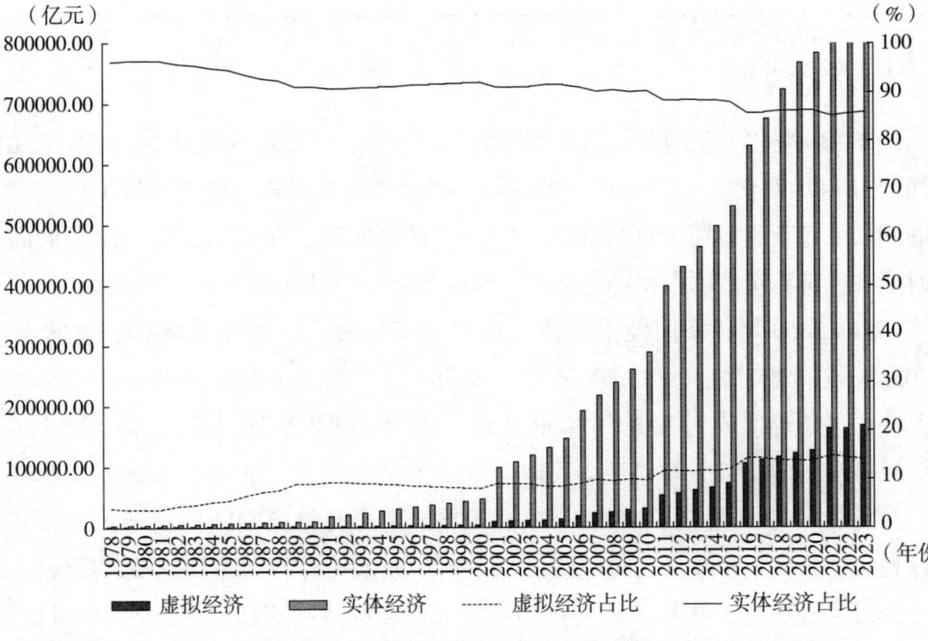

图 2-5 1978~2023 年实体经济与虚拟经济的总量及占 GDP 的比重

资料来源：Wind 数据库。

表 2-3　实体经济分阶段发展状况　　单位：亿元，%

阶段	“五年计划规划”	起始规模及占比		终止规模及占比	
		虚拟经济	实体经济	虚拟经济	实体经济
1978~1990 年	“五五”计划 “六五”计划 “七五”计划	142.00 (3.95)	3 451.00 (96.05)	998.90 (8.96)	10149.40 (91.04)
1991~2000 年	“八五”计划 “九五”计划	1917.50 (9.30)	18703.50 (90.70)	4051.10 (7.96)	46835.60 (92.04)
2001~2005 年	“十五”计划	9780.20 (9.00)	98859.00 (91.00)	13745.70 (8.59)	146281.30 (91.41)
2006~2010 年	“十一五”规划	19077.90 (9.04)	192069.80 (90.96)	31368.20 (9.80)	288734.40 (90.20)
2011~2015 年	“十二五”规划	52960.20 (11.73)	398519.90 (88.27)	72590.70 (12.06)	529415.00 (87.94)
2016~2020 年	“十三五”规划	105780.10 (14.45)	626410.20 (85.55)	122192.61 (13.72)	768112.19 (86.28)
2021~2023 年	“十四五”规划	162930.68 (14.82)	936267.22 (85.18)	167731.23 (14.08)	1023306.03 (85.92)

注：括号内为实体经济和虚拟经济的占比。
资料来源：Wind 数据库。

1978~1990 年，我国经济整体发展水平较低，实体经济规模从 3451.00 亿元增加到 10149.40 亿元。“六五”计划后期，我国经济在投资、消费和货币供应过量的刺激下表现出短期过热的现象。“七五”计划时期，在我国经济持续发展的同时威胁经济稳定的因素也随之增加，政府开始对经济发展环境进行治理。

1991~2000 年，我国经济整体发展水平有所提高，其中实体经济规模从 18703.50 亿元增加到 46835.60 亿元。“八五”计划时期，国民经济持续保持增长态势，并提前完成到 2000 年 GDP 相比 1980 年“翻两番”的目标。结合图 2-6 的结果可知，“九五”计划时期，我国经济发展主要依靠工业和非金融服务业带动，并成功实现了经济“软着陆”。政府依据经济形势作出判断并制定扩大内需的计划，进一步配合政策实施来克服国外金融危机和国内有效需求不足的影响。

2001~2005 年，在初步建立社会主义市场经济体制的基础上，我国又制定了涵盖经济增长、改革开放、社会全面和均衡发展的计划，进一步调整农村的经济结构、加快工业改组和改造、大力发展服务业，最终形成以农业为基础，先进制造业和现代服务业共同拉动经济增长的产业结构。“十五”计划期间我国经济发展的情况如图 2-6 所示，其中第一产业的产值增加并维持在相对稳定的水平，而非金融服务业的产值明显上升。

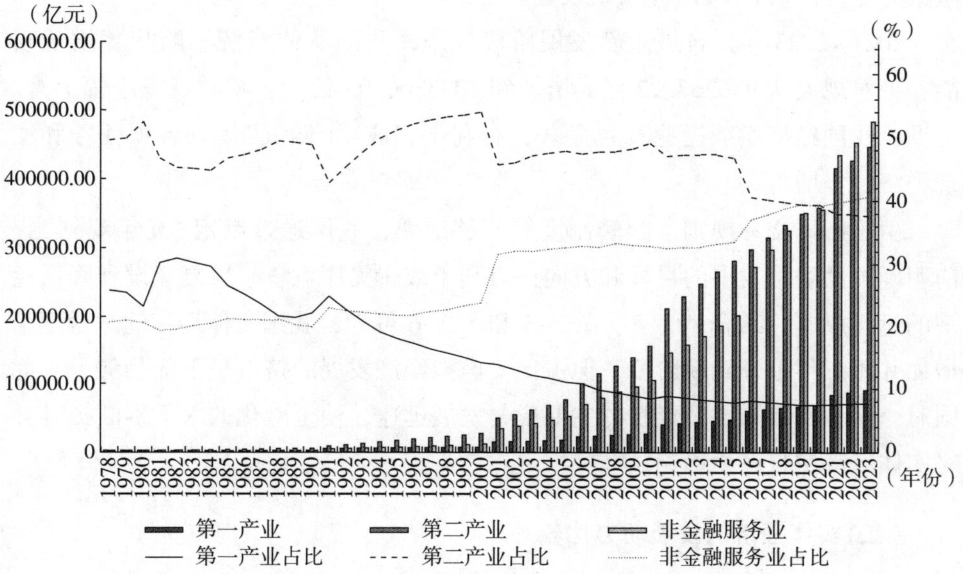

图 2-6　1978~2023 年实体经济的产业结构变化

资料来源：Wind 数据库。

2006~2010 年，“十一五”规划[①]是我国全面建设小康社会的中长期规划，“十一五”规划期间虽然我国经济受到全球金融危机的冲击影响，但在内需拉动、技术进步、制度创新和结构升级的共同作用下实体经济具备恢复增长的动力，并逐步实现全面、协调和可持续发展。

2011~2015 年，“十二五”规划期间我国经济总量稳居世界第二，其中实体经济规模由 398519. 90 亿元增加到 529415. 00 亿元。产业结构调整取得明显效果，其中第一产业和第二产业的规模随着农业机械化、工业现代化和信息化的推进不断增加。随着经济发展进入增速放缓的新常态，我国开始注重环境约束、创新不足、城乡差距等问题，并逐步转变为创新驱动经济发展的新模式。

2016~2020 年，“十三五”规划期间实体经济规模从 626410. 20 亿元增加到

① 中国从 1953 年开始制订第一个“五年计划”，从“十一五”时期开始改称为“五年规划”。

768112.19 亿元。我国通过落实 165 项重大工程、项目维持经济中高速增长，并通过促进产业升级和提升消费推动经济增长。结合图 2-6 可知，第二产业占比下降的同时非金融服务业的占比提升。两个行业的产值差距不断缩小，非金融服务业的产值在 2019 年实现反超。

2021~2023 年，自进入新发展阶段以来，我国实体经济不断积蓄增长动能，绝对规模从 936267.22 亿元增加到 1023306.03 亿元，相对规模小幅上升。可见，我国经济换挡提速日益显著，有利于完成“十四五”规划各项任务和实现经济稳步增长。

由于市场交易规则、配套制度等不够成熟，我国通过制定“五年规划”提前明确国民经济发展的目标和方向，有利于减少无序竞争、重复建设和降低经济的运行成本。结合表 2-3、图 2-5 和图 2-6 可知，我国实体经济的总量逐渐增加并每五年上升到新阶段，但占比受虚拟经济发展的挤占呈下降趋势。与此同时，金融业作为虚拟经济的主要成分发展迅速，使金融化的水平不断提升并对实体经济增长产生影响。

（二）实体经济的发展动力比较

我国的实体经济正处于转换增长动力的关键时期，除要素成本上升、融资难度增加等问题外，消费、投资和出口对实体经济增长的拉动作用也在改变。本书分别选取最终消费支出、资本形成总额、货物和服务净出口三项指标反映我国消费、投资和净出口规模的变化。

如图 2-7 所示，三项指标的总量不断增加，但在 GDP 中的占比具有波动性。其中，1978~2000 年，消费总量占 GDP 的比重在 50%以上。特别是 2000 年，消费总量占 GDP 的比重达到 63.88%，投资总量占 GDP 的比重为 33.73%。1978~2000 年，消费和投资占 GDP 的比重呈此消彼长的变化趋势，而净出口占 GDP 的比重在部分年份为负。2001~2010 年，消费占 GDP 的比重下降到 49.35%，投资占 GDP 的比重上升到 46.97%，净出口占 GDP 的比重明显增加，并在 2007 年达到 8.66% 的最高水平。2011~2023 年，消费占 GDP 的比量从 50.51%上升到 55.72%，投资占 GDP 的比重从 47.03%下降到 42.14%，净出口占 GDP 的比重仍维持在相对较低的水平。消费、投资、净出口对 GDP 增长的拉动率如图 2-8 所示。

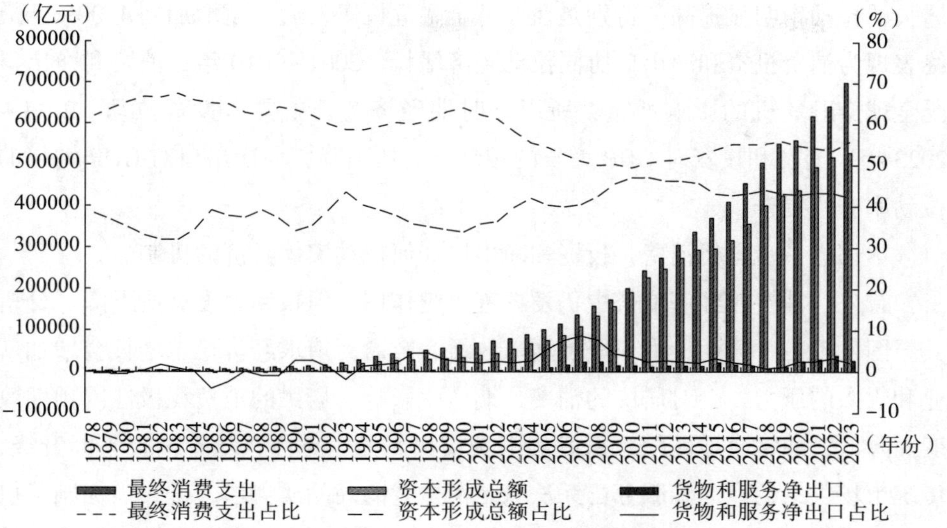

图 2-7　1978~2023 年消费、投资、净出口的规模及占 GDP 的比重

资料来源：Wind 数据库。

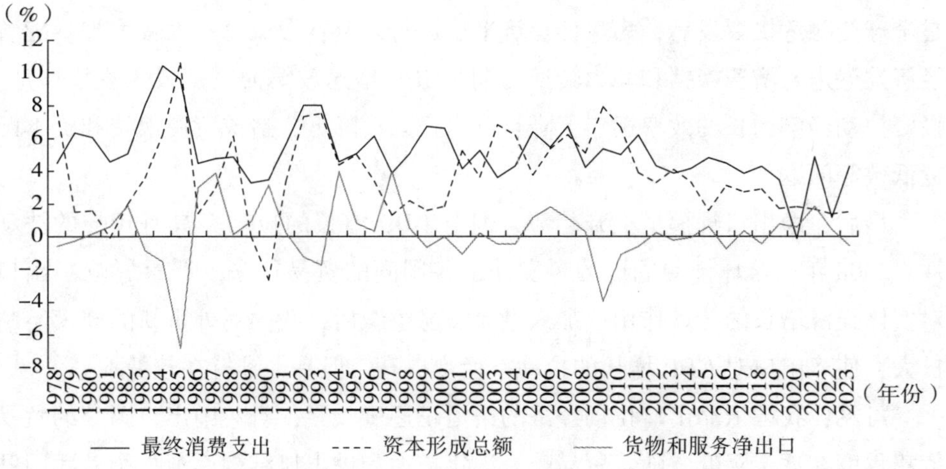

图 2-8　消费、投资、净出口规模对 GDP 增长的拉动率

资料来源：Wind 数据库。

如图 2-8 所示，1978~1985 年，净出口对 GDP 增长的拉动率由 1982 年的 1. 90%下降到 1985 年的-6. 91%，经济增长主要依靠消费和投资拉动。1986~2000 年，消费对 GDP 增长的拉动率仍处在较高水平；投资对 GDP 增长的拉动率的波动较大，在 1988~1990 年从 6. 20%大幅下降到-2. 72%；净出口对 GDP

增长的拉动率明显提高，特别是在亚洲金融危机爆发后一度增加到4.00%，最终表现为消费投资和净出口协同拉动经济增长。2001~2010年，消费和净出口受全球金融危机的影响严重，所以该时期经济增长主要由投资拉动。2011~2023年，消费和投资对GDP增长的拉动率有所下降，而净出口对GDP增长的拉动率有所提升。

本书进一步分析消费、投资和净出口如何拉动实体经济的机制。

首先，消费在经济增长中仍发挥着关键作用，但拉动力度有所下降。分析其原因发现：一方面，由于经济增速放缓，政府为追求经济稳定增长会增加就业和收入的压力，会对居民的消费预期产生影响。居民的消费积极性因预期改变而降低，通常会适度缩减家庭的消费支出。另一方面，随着消费不断升级，传统市场供给的商品和服务已无法满足消费者的高品质需求，进一步加剧了供给和需求的失衡。2018年的《政府工作报告》强调，通过升级零售业形成新消费模式，有利于推动消费升级和促进实体经济的高质量发展。

其次，自2008年以来，我国经济增长由外贸驱动转变为投资驱动。特别是全球金融危机爆发后，为保证经济平稳运行，资本形成总额大幅增加。随着经济发展进入增速换挡和动力转换时期，GDP增速放缓而资产投入规模增加，投资拉动经济增长的效率逐年下降且产出投入比降低，造成资源浪费和资本配置低效等问题。

最后，净出口规模呈上升趋势，但对GDP增长的拉动率具有较强的波动性。2008年，全球金融危机的爆发冲击各国间的贸易往来，严重影响了出口对实体经济增长的拉动作用。加入世界贸易组织后，我国对外贸易的规模不断扩大，使净出口对GDP增长的拉动率稳步提升，但基本维持在较低水平。

可见，我国依靠出口拉动经济的渠道正逐步收紧，对集中出口国家的贸易依赖程度在逐步降低。随着贸易顺差逐年扩大和进出口结构逐渐失衡，我国开始认识到无论是刺激经济还是控制风险，均有必要改变以出口为主的经济增长模式。一方面，通过适度扩大内需挖掘消费需求的潜力，并从规模扩张和结构演进等角度促进消费升级以提高居民的生活质量。另一方面，不能只关注投资规模的增长，更要注重优化投资结构，将投资集中在高技术行业、高端制造业和消费转型升级的行业，最终形成消费、投资和出口协调拉动经济增长的格局。

(三)实体经济的分区域发展状况

我国实体经济的总量已达到较高的水平，但存在明显的区域间不平衡现象。本书将全国31个省(不含港、澳、台地区)划分为东、中、西三个区域，并分析不同区域实体经济的发展状况。

如图2-9所示本书选取2000年和2017年为代表年份，突出区域差异。由于2000年经济发展的整体水平较低，东部、中部、西部地区的实体经济并未表现出明显的区域差异。但是，东部地区受政策支持率先发展，三大区域间实体经济的差距逐步拉开。国务院非常关注西部地区的发展问题，并在2001年颁布"十五"计划时再次强调西部开发的重要性。特别是在2004年，国务院配合多部门增加对西部地区的投资，使西部地区实体经济的平均水平得到提升。2006年，为解决区域发展不平衡的问题，政府专门制定区域政策为欠发达地区提供公共服务，并通过财政部门加大对地方转移支付力度。2008年后，随着中西部地区的"经济崛起"，我国区域间实体经济的发展水平差异缩小，并逐步形成区域经济发展的新格局。

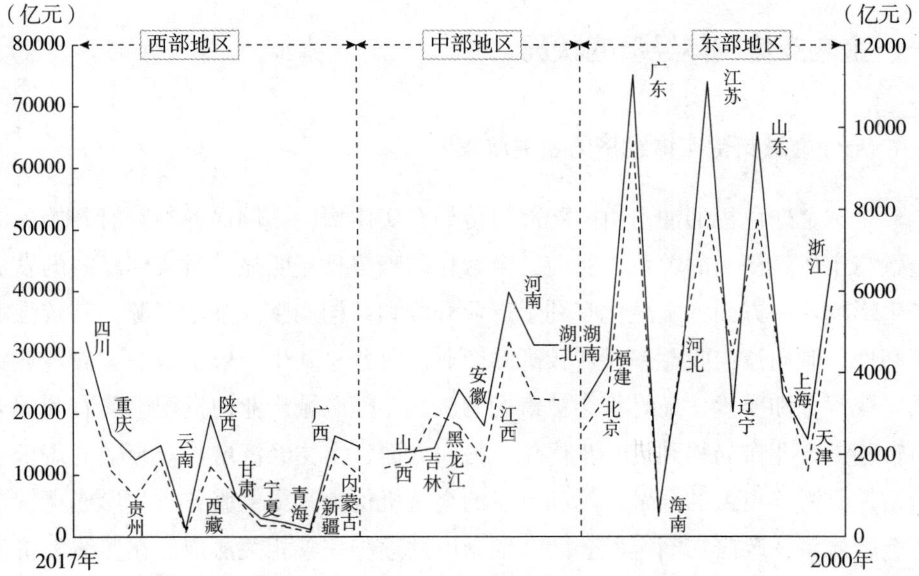

图2-9　2000年和2017年我国分区域实体经济规模

注：虚线和实线分别为2000年(次坐标轴)和2017年(主坐标轴)实体经济规模。

资料来源：Wind数据库。

中部、西部地区发展经济主要依靠资源优势，所以这两地区的经济增长并不具有可持续性。“十二五”规划时期，政府将工作重心转向区域产业规划，并通过构建核心产业体系推动区域经济协调发展。此外，在“四大板块”(西部大开发，东北振兴、中部崛起、东部率先发展)和“三个支撑带”(“一带一路”、长江经济带和京津冀协同发展)的基础上，我国区域经济发展形成以沿海沿江沿线经济带为主的经济轴带，有利于进一步拓展中部和东部沿海地区实体经济增长的空间。为实现区域协调发展，我国需建立起适度的“政策梯度”，并通过采取差异化的政策来解决实体经济区域差异大、发展不平衡的难题(安虎森和李锦，2010)。

第二节

金融支持实体经济的状况及存在的问题

一、金融支持实体经济的状况

(一)金融支持实体经济的相关政策

全球金融危机的冲击由金融部门传导至实体部门，倒逼各国政府开始关注金融与实体经济间的关系。目前，金融化的趋势日益明显并对实体经济的发展产生影响：一方面，金融化有利于产业升级和结构调整。金融资源具有较强的逐利性，倾向流向收益率相对较高的产业。收益率和生产效率低的劣势产业难以获取资金和要素，最终将会被市场淘汰。伴随区域产业向资源配置有利的方向转移，产业布局得到进一步优化。另一方面，实体经济增长对金融的需求不断增加，需要更大的金融市场和更多的金融机构为其提供服务。为形成更健全的金融体系，政府需制定配套的金融制度并逐步完善相关法规。在实体经济发展对金融的需求增加和政府刺激金融市场发展的双重作用下，金融中心逐步形成并助力金融业通过发挥职能推动实体经济增长。

在多个会议和文件中，政府明确了发展实体经济的重要性，并分析实体经济增长过程中遇到的障碍和问题。在此背景下，党中央、国务院先后召开多次会议并出台一系列政策性文件为金融支持实体经济提供依据和具体的指导性实施方案，见表2-4。

表 2-4 金融支持实体经济的相关会议与文件

会议(文件)	时间	基本内容
中央经济工作会议	2011 年 12 月	牢牢把握发展实体经济这一坚实基础
第四次全国金融工作会议	2012 年 1 月	做好新时期的金融工作，要坚持金融服务实体经济的本质要求，确保资金投向实体经济
中国共产党第十八次全国代表大会	2012 年 11 月	要深化金融体制改革，健全促进宏观经济稳定、支持实体经济发展的现代金融体系
国务院常务会议	2013 年 6 月	优化金融资源配置……更有力地支持经济转型升级，更好地服务实体经济发展
中华人民共和国第十二届全国人民代表大会第四次会议	2016 年 3 月	金融首要任务还是要支持实体经济的发展，实体经济不发展，是金融最大的风险
第五次全国金融工作会议	2017 年 7 月	确定金融业服务实体经济、防控金融风险、深化金融改革三项任务
全国金融工作会议	2017 年 7 月	服务实体经济防控金融风险，深化金融改革
中国共产党第十九次全国代表大会	2017 年 10 月	增强金融服务实体经济能力，提高直接融资比重，促进多层次资本市场健康发展
中共中央政治局第十三次集体学习	2019 年 2 月	深化金融供给侧结构性改革，增强金融服务实体经济能力
《中国银保监会关于进一步加强金融服务民营企业有关工作的通知》	2019 年 2 月	加强对贷款资金流向的监测，做好贷中和贷后管理，确保贷款资金真正用于支持民营企业和实体经济，防止被截留、挪用甚至转手套利，有效防范道德风险和形成新的风险隐患
国务院常务会议	2019 年 4 月	确定进一步降低小微企业融资成本的措施，加大金融对实体经济的支持
国务院金融稳定发展委员会召开第七次会议	2019 年 8 月	全面加大对实体经济的支持力度
国务院常务会议	2019 年 9 月	坚持实施稳健货币政策并适时预调微调，加快落实降低实际利率水平的措施……加大金融对实体经济特别是小微企业的支持力度

续表

会议(文件)	时间	基本内容
国务院金融稳定发展委员会召开全国金融形势通报和工作经验交流电视电话会议	2019年9月	要求金融机构加大对实体经济特别是中小企业、民营企业信贷投放力度……引导金融机构增加对制造业、民营企业中长期融资
国务院新闻办公室新闻发布会	2019年10月	扩大实体经济的信贷规模、提高实体经济贷款占全部贷款的比重、降低实体经济融资成本，是货币政策传导是否畅通的主要标准
金融机构货币信贷形势分析座谈会	2019年11月	要继续强化逆周期调节，增强信贷对实体经济的支持力度……促进经济运行在合理区间
金融支持实体经济座谈会	2022年4月	要用好用足各项金融政策，主动靠前服务实体经济
中国共产党第二十次全国代表大会	2022年10月	坚持把发展经济的着力点放在实体经济上。对于金融业而言，不断提升服务实体经济的能力，为推动高质量发展提供更高质量、更高效率的金融服务，是首要任务
中央金融工作会议	2023年10月	高质量发展是全面建设社会主义现代化国家的首要任务，金融要为经济社会发展提供高质量服务
国务院新闻办公室新闻发布会	2024年1月	坚持稳健的货币政策，落实好灵活适度、精准有效的要求，继续为实体经济稳定增长营造良好的货币金融环境
中国共产党第二十届中央委员会第三次全体会议	2024年7月	加快完善中央银行制度，完善金融机构定位和治理，加强对重大战略、重点领域、薄弱环节的优质金融服务，健全服务实体经济的激励约束机制

资料来源：笔者依据中国政府网发布的信息整理得到。

由表2-4可知，我国政府十分重视金融部门在实体经济增长中发挥的作用，并多次在金融工作会议上强调推行金融改革的重要性。与此同时，为确保金融精准有效地服务实体经济，一方面，政府强调金融部门应关注资金流向、防止资金套利，并以中小、民营企业为主要服务对象；另一方面，政府强调对金融业进行改革，并进一步在金融体系、制度建设和防控金融风险等工作上给出政策指导。

(二)金融支持实体经济的力度

不同于广义货币供应量(M2)反映支持整个经济体系运转的货币供应水平，

社会融资规模衡量从金融部门流向实体部门的资金规模，用于反映金融对实体经济的支持力度，该指标的具体构成如表 2-5 所示。

表 2-5 社会融资规模的构成

分类	成分
金融机构通过资金运用对实体经济提供的全部资金支持	人民币贷款、外币贷款、信托贷款、委托贷款、金融机构持有的企业债券及非金融企业股票、保险公司的赔偿和投资性房地产等
实体经济利用规范的金融工具、在正规金融市场、通过金融机构信用或服务所获得的直接融资	银行承兑汇票、非金融企业境内股票筹资及企业债的净发行等
其他融资	小额贷款公司贷款、贷款公司贷款等

资料来源：中国人民银行官网(http：//www. pbc. gov. cn/rmyh/index. html)。

社会融资规模既能反映金融部门对防风险和服务实体经济目标的达成情况，也能反映直接、间接融资结构和资金的区域、行业流向。我国 2003~2023 年的社会融资规模存量如表 2-6 所示。

表 2-6 2003~2023 年社会融资规模存量及同比增长率

单位：亿元，%

年份	社会融资规模存量	同比增长率	年份	社会融资规模存量	同比增长率
2003	181655. 00	22. 30	2014	1228591. 00	14. 30
2004	204143. 00	2. 38	2015	1381383. 00	12. 40
2005	224265. 00	9. 86	2016	1559900. 00	12. 80
2006	264500. 00	17. 94	2017	2059098. 00	14. 08
2007	321326. 00	21. 50	2018	2270356. 01	10. 26
2008	379765. 00	18. 19	2019	2513119. 64	10. 69
2009	511835. 00	34. 80	2020	2848300. 00	13. 30
2010	649869. 00	27. 00	2021	3141300. 00	10. 30
2011	767478. 00	18. 20	2022	3442100. 00	9. 60
2012	914186. 00	19. 10	2023	3780900. 00	9. 84
2013	1074575. 00	17. 50			

资料来源：Wind 数据库。

由表 2-6 可知，社会融资规模存量逐年递增，而同比增长率在 2009 年达到最大值 34.80%后开始下降。截至 2023 年末，我国社会融资规模存量为 3780900.00 亿元，同比增长率为 9.50%。

考虑到区域发展水平的差异，本书进一步分析东部、中部、西部地区的社会融资规模，结果如图 2-10 所示。

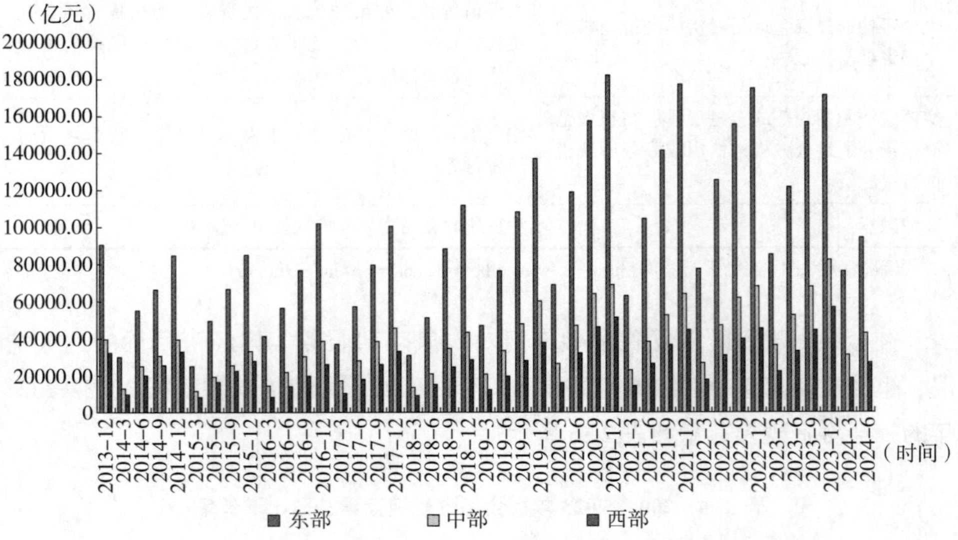

图 2-10　东部、中部、西部地区的社会融资规模

资料来源：Wind 数据库。

截至 2024 年 6 月，东部、中部、西部地区的社会融资规模分别为 94022.00 亿元、42862.00 亿元和 27160.00 亿元，对应的占比为 57%、26%和 17%，具体表现为东部地区的水平最高，中部地区次之，而西部地区最低。本书依据各地区社会融资规模的变化情况分析发现，2015 年更多金融资源流向东部地区，导致社会融资规模增加。2015 年 12 月至 2016 年 12 月，东部地区社会融资规模的占比下降，而西部地区的占比上升；2017 年 1 月至 2018 年 12 月，东部地区社会融资规模的占比下降伴随中部地区的占比上升，表明区域间金融资源的流动日益频繁。

可见，区域间金融发展与实体经济增长水平的差异不仅表现为金融资源分布的差异，也表现为不同发展水平的实体经济对资金需求的差异。随着金融资源在不同区域内累积，实体经济发展的资金需求得到满足，并最终表现为社会融资规模的区域分布差异。

本书进一步对社会融资规模的构成成分进行分类分析，具体将企业境内债券融资、非金融企业境内股票融资和政府债券汇总为直接融资规模，剩余成分计入间接融资规模。

如图 2-11 所示，在社会融资规模中仍以间接融资为主，而直接融资的占比相对较低，二者表现出此消彼长的互补关系。

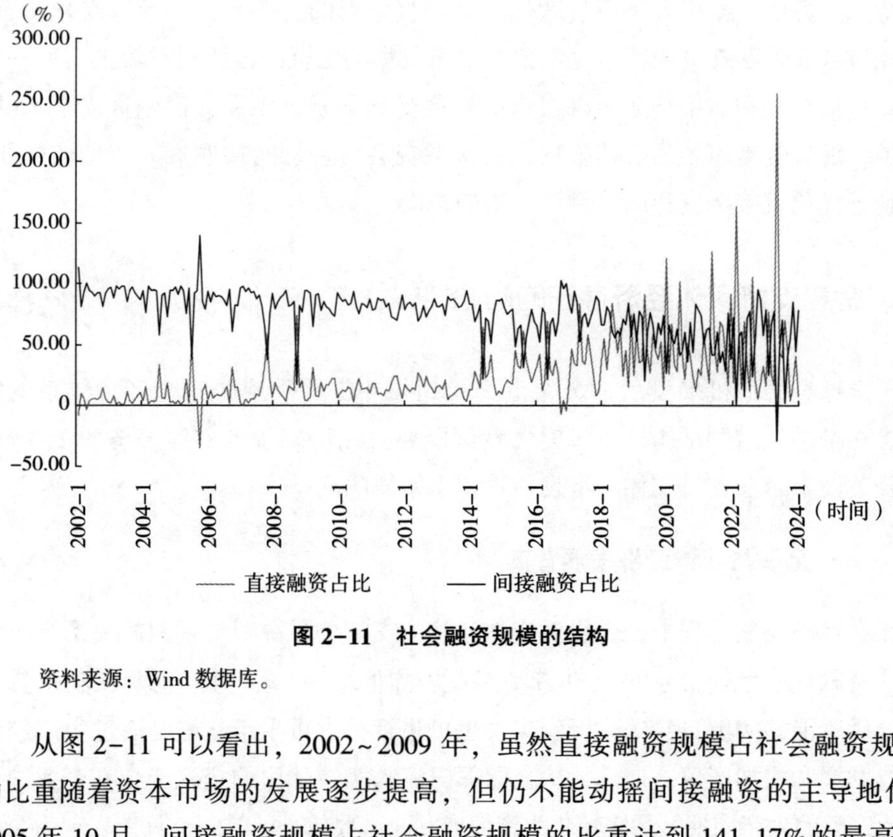

图 2-11 社会融资规模的结构

资料来源：Wind 数据库。

从图 2-11 可以看出，2002~2009 年，虽然直接融资规模占社会融资规模的比重随着资本市场的发展逐步提高，但仍不能动摇间接融资的主导地位。2005 年 10 月，间接融资规模占社会融资规模的比重达到 141.17%的最高水平，直接融资规模占社会融资规模的比重达到-35.63%的最低水平。随着股票市场发展和非金融企业直接融资规模的提升，直接融资规模占社会融资规模的比重在 2007 年有所回升。2008 年，为刺激经济发展，政府投放的“四万亿”资金使间接融资明显增加。2009~2014 年，间接融资规模占社会融资规模比重的平均水平达 81.33%，直接融资规模占社会融资规模比重的平均水平达 15.23%，二者间仍维持较大差距。2015~2020 年，间接融资与直接融资间的差距相对缩小，说明我国融资结构失衡的现象逐步得到改善。2021~2024 年，直接融资和间接融资两者占社会融资规模的比重的波动相对剧烈。其中，部分年份间接融资规模为负，说明各项贷款的偿还量超过贷款的发放量，即实体经济偿还给金融体系的资金超过从金融体系获得的资金，可能预示着金融体系正在挤出水分、防止资金空转。

因此，我国以间接融资为主、直接融资为辅的融资结构在短期内仍将继续维持。一方面，新增人民币贷款仍然是间接融资的主要来源，而以委托贷款、信托贷款和未贴现的银行承兑汇票等渠道获得的融资的占比相对较少。另一方面，直接金融和非银行业金融机构的发展受到限制，导致直接融资水平偏低。但是，随着资本市场的快速发展，直接融资会对传统间接融资方式造成挤压，有利于优化直接融资和间接融资失衡的格局。

二、金融支持实体经济存在的问题

全球金融危机爆发后，金融市场受到的冲击严重威胁整个经济体系的稳定。在推进供给侧结构性改革时，我国既要强调金融服务实体经济的重要性，也要关注金融在支持实体经济发展过程中暴露的问题。

(一)金融与实体经济发展背离

在经济发展过程中，金融对实体经济的支持不足源于二者间的关系有所背离。贷款规模增加(减少)能够带动工业增加值增加(减少)。企业在获得贷款资金后既能够缓解自身的融资约束，也可进行扩大再生产，最终通过生产经营获取利润和增加产值。但是，从金融部门流入实体部门的贷款资金在企业内部经历完整的生产周期，最终转化为产值或利润需要较长的时间，具体表现为金融机构各项贷款余额与工业增加值两者间的增长变化存在滞后性。如图 2-12 所示，1993~2002 年，金融机构各项贷款余额的增长变化明显滞后工业增加值，但滞后期数逐渐缩短。2003~2007 年，二者的增长变化幅度相对一致，并且该趋势一直持续到全球金融危机爆发前。全球金融危机过后，金融机构各项贷款余额的增长在经历短期内超前于工业增加值后，回归原来的滞后水平。2019 年以后，实体经济在遭受新冠疫情冲击后，金融机构贷款余额与工业增加值波动滞后二者关系被打破，最终表现为冲击影响在实体部门与金融部门间传导。

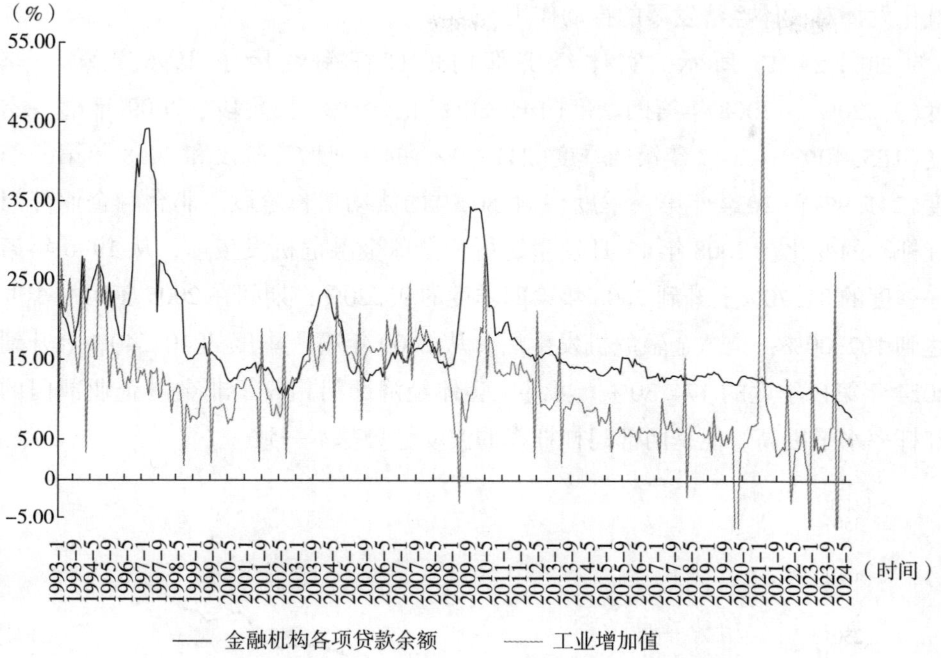

图 2-12　金融机构各项贷款余额与工业增加值的同比增长率

资料来源：Wind 数据库。

本书进一步分析了金融与实体经济发展背离的原因：首先，实体部门将获得的资金用于扩大再生产与追求自身利润最大化相矛盾，并且部门内部已经获得的资金因信息不对称而被低效利用。其次，由于现代经济内存在信用，实体部门能以较低的成本促成大规模以货币为媒介的金融交易，使金融部门进一步发展。最后，金融业发展对外生冲击和政策变动较为敏感，能够迅速作出应对和调整，而实体经济吸收资金和适应新实施的政策通常需要相对较长的时间。可见，虽然政府已经通过出台政策和推进金融业改革来引导资金回归实体，但是金融与实体经济发展背离的问题仍持续存在。

(二)高杠杆率降低金融支持实体经济的效率

金融杠杆能够反映金融部门融资创造和投资放大的能力，并在长短期对实体经济产生差异化的影响。其中，短期的金融高杠杆率会加剧金融部门泡沫，加大实体部门的融资风险，而长期的金融高杠杆率可通过放大投资为实体经济提供更大规模的融资。可见，在经济体系内保持适度的“金融杠杆”有利于金融化发挥对实体经济发展的推动作用。

如图 2－13 所示，实体经济部门的杠杆率经历了 1996 年第一季度(99.20%)~2008 年第四季度(141.20%)的缓慢增长阶段、2009 年第一季度(155.40%)~2017 年第四季度(241.20%)的快速增长阶段和 2018 年第一季度(241.9%)~2024 年第一季度(294.80%)的波动增长阶段。非金融企业部门杠杆率的变化在 2008 年 12 月发生转折，全球金融危机发生前，从 1996 年第一季度的 81.70%上升到 2008 年第四季度的 95.20%，期间在 2005 年第一季度达到 107.00%；全球金融危机发生后，从 2009 年第一季度的 107.40%上升到 2024 年第一季度的 174.30%。可见，实体经济部门相较于非金融企业部门的杠杆率水平更高，但是两部门杠杆率的波动趋势基本一致。

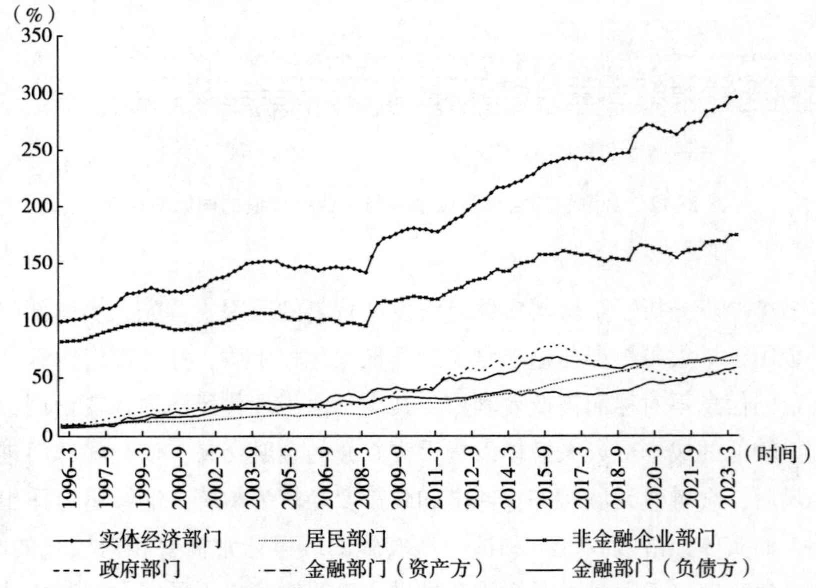

图 2-13　不同部门杠杆率比较

资料来源：Wind 数据库。

居民部门杠杆水平基本保持逐年上升的趋势，以 2008 年为节点分开看，从 1996 年第一季度的 8.40%上升到 2008 年第四季度的 17.90%，之后又从 2009 年第一季度的 19.00%上升到 2024 年第一季度的 63.50%，并且该期间内杠杆率的增幅明显高于全球金融危机爆发前。进一步分析原因发现，居民部门的高杠杆率主要由贷款引起，其中影响较大的为居民住房按揭贷款。2016 年，尽管政府出台针对房地产市场的调控政策，但政策的时滞性和由房地产引起的杠杆在城市间转移，导致居民部门的高杠杆率并未得到有效控制。

1996~2005 年，金融部门的杠杆率维持在较低的水平且增长速度相对缓慢。之后，其杠杆率从 2006 年的 25.23%（资产方）和 24.99%（负债方）分别上升到 2016 年的 78.29%（资产方）和 67.79%（负债方）的最高水平，并且二者间的相对大小交互发生变化。由于金融部门杠杆率的高速增长容易诱发金融风险，我国有必要适度“去杠杆”以维持金融体系的稳定。随着“去杠杆”的推进，金融部门的杠杆水平从 2017 年开始下降，从根本上降低了金融泡沫发生概率，并进一步降低了金融风险发生的可能性。可见，我国通过财政、货币政策的逆周期调节为推进结构性“去杠杆”创造了稳定的经济环境，有助于实现稳金融和稳经济的目标。

（三）投资偏离增加小微企业的融资难度

近年来，尽管小微企业发展迅速并在提供就业岗位、税收和促进经济发展等方面发挥重要作用，但不可忽视的是小微企业在发展过程中面临融资门槛高、额度低和成本高等难题。小微企业维持运营的资金主要源于自有资金，剩余部分通过向金融机构融资获得。图 2-14 显示了金融机构对不同规模企业的人民币贷款余额。

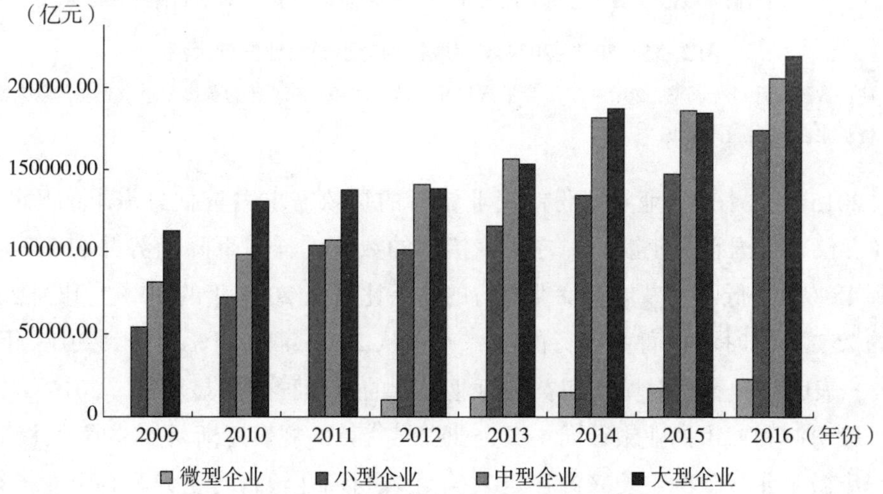

图 2-14　金融机构对不同规模企业的人民币贷款余额

资料来源：Wind 数据库。

如图 2-14 所示，本书比较金融机构对不同类型企业的人民币贷款余额发现，金融机构主要向大型企业提供贷款，而为微型企业提供的贷款规模处于较低的水平。自 2012 年起，尽管金融机构对中小企业的融资支持力度明显加大，但仍需进一步关注不同类型企业的资金需求问题，并为企业融资提供差异化的融资服务、创造良好的融资环境。

如图 2-15 所示，2015~2018 年国有商业银行对小微企业的贷款余额占小微企业贷款总额的比重从 2015 年的 35%下降到 2018 年的 28%，表明小微企业外部融资以国有商业银行为主，但依赖程度有所下降。

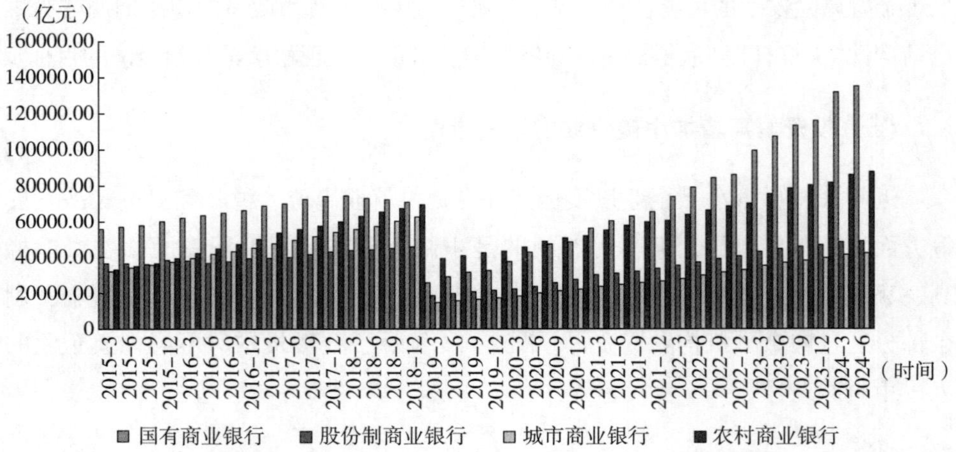

图 2-15　2015~2024 年金融机构对小微企业贷款余额

注：数据统计口径调整，2015~2018 年数据口径一致，2019~2024 年为普惠型小微企业贷款余额。

资料来源：Wind 数据库。

2015 年，小微企业对股份制商业银行的贷款需求占贷款总需求的比重为 23%，仅次于国有商业银行，之后该指标的数值同样呈下降趋势并在 2018 年降到 18%的最低水平。城市商业银行的这一比重从 2015 年的 20%上升到 2018 年的 25%，同时农村商业银行的这一比重从 2015 年的 21%上升到 2018 年的 28%，表明小微企业对城市和农村商业银行的依赖程度明显增加。2019~2024 年，股份制和城市商业银行向小微企业提供贷款的规模逐渐增加。值得注意的是，小微企业贷款的主要来源在 2021 年由农村商业银行转变为国有商业银行。可见，小微企业贷款来源逐渐均衡，一方面，小微企业的分布遍及城市、乡镇和农村，更倾向依赖城镇和农村商业银行的贷款。另一方面，生命周期短、信息公开程度低、盈利水平不稳定和金融监管难度大等原因提升了小微企业向国有和股份制商业银行申请贷款的难度。因此，小微企业在减少对国有和股份制商业银行的资金需求后，转向城市和农村商业银行获取融资支持。

随着小微企业融资难的问题逐步得到重视，金融机构开始放宽小微企业融资的条件，并通过开放银行保理业务解决中小企业缺少资金担保问题，有利于降低中小企业资金占用的机会成本。小微企业可在政府引导和金融机构的扶持下良性发展，并借助便利的渠道和多元化的金融工具解决自身资金短缺的问题。

本章小结

由于金融化与实体经济间存在密切联系，本章分别对金融化、实体经济及金融支持实体经济的状况和存在的问题进行初步分析。

本章第一节分析金融化与实体经济的发展状况，一方面，分别选取金融部门和非金融部门的指标，并通过分析指标的波动情况发现，经济发展已经在宏观、中观和微观层面表现出明显的金融化趋势，并且存在明显的区域差异。另一方面，结合“五年计划(规划)”分析实体经济的分阶段增长情况，并进一步分析实体经济的产业结构、发展动力和区域发展差异。

本章第二节分析金融支持实体经济的状况及现存问题，首先，从梳理相关会议与文件出发，突出政府对推进金融支持实体经济增长问题的关注和重视；其次，从社会融资规模这一指标出发，分别从全国和区域层面分析实体经济从金融部门获得资金支持的力度；最后，指出金融与实体经济发展背离、金融部门杠杆率高和金融机构投资偏离等问题会阻碍金融发挥支持实体经济增长的作用。

第三章

金融化影响实体经济的机制分析

CHAPTER 3

随着金融业发展深化，我国不断进行金融市场、制度和工具的创新。金融市场主要的作用是对市场内部的流动资金进行融通，并将资金供给到需求方进行再投资以赚取收益。借贷市场的利率和资本市场投资收益率的变化会改变社会资金在金融部门和实体部门间的流动方向，并对金融业与实体经济的融合程度产生影响。本章通过梳理金融部门和非金融部门间的联系率先分析金融化从金融部门传导至非金融部门的机制，并分别从促进和抑制的角度分析金融化影响实体经济和非金融企业金融化影响实业投资的机制。

第一节

金融化在金融与非金融部门之间传导的机制分析

经济发展趋于金融化的原因在于金融资源突破市场类型和规模的限制，更多地流向货币和资本市场并且在不同部门和所有者间交易，同时带动金融化在金融部门、政府、家庭与非金融企业间传导（图 3-1）。

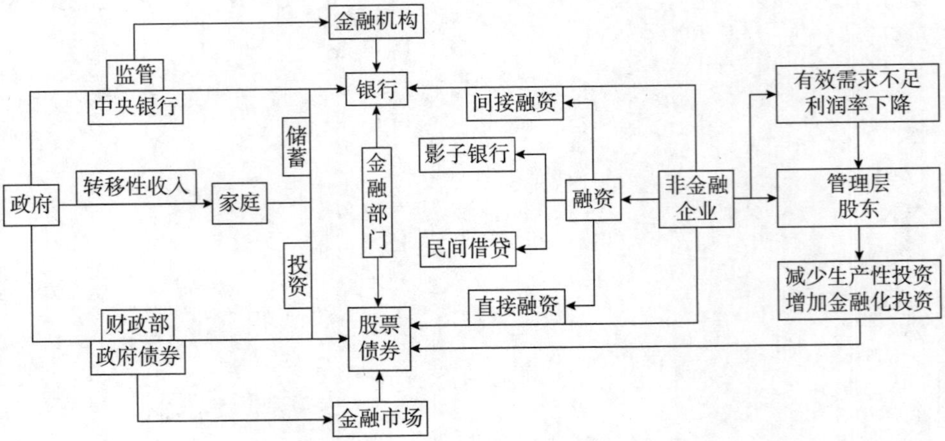

图 3-1　金融化的传导机制

资料来源：笔者绘制。

一、政府部门金融化

财政收入能够决定政府为整个社会提供公共物品和服务的能力，但由于受到财政预算的限制，一方面，财政支出部分用于政府履行职能、实施公共政策和通过转移支付对收入进行再分配；另一方面，政府将资金投向数额较大且投资周期较长的基础设施项目会加重财政负担。可见，财政支出的规模和结构能够反映资金具体的支配和使用情况，彰显政府的活动范围和政策倾向。由于财政收入和政府的实际财政开支间存在差距，当出现赤字时政府会通过发行债券和增发货币等方式筹集资金，前者因具有低风险、稳收益的特点能吸引大量金融资本流入，后者因可增强金融市场的流动性进而能够拓宽投机资本家的获利空间，最终使政府部门的金融化程度不断加深。

二、家庭部门金融化

金融化传导至家庭部门主要表现为居民通过在银行等金融机构储蓄获得利息和投资股票等金融工具获得红利等方式赚取财产性收入。居民通过比较借贷市场的利率和资本市场的投资收益率来决定自身的储蓄和投资行为，当投资收益率较高时，资本市场会吸引居民通过购买股票等金融产品直接参与投资；而当存款利率较高时，金融机构吸纳家庭部门的资金并通过集中投资间接助力居民获取较高收益。家庭将满足消费后的收入分别投向借贷市场和资本市场进行相关金融产品的交易和投资，最终深化自身的金融化程度。

三、非金融企业金融化

本书依据马克思的虚拟资本理论分析企业占有资本的成分，一方面，产业资本的投入用于维持资本家的正常生产和扩大再生产，该部分资本对应企业生产经营所需资金；另一方面，随着信用制度的产生和发展，生息资本通过资本家积累货币的借贷行为逐步发展成为虚拟资本，该部分资本对应企业用于金融相关投资的资金。产业资本通过企业完成实物商品的产供销获得利润实现增值，而虚拟资本是企业通过投资赚取收益实现增值并未涉及实际生产。对于企业而言，虚拟资本相较于产业资本更具有增值优势，能够激励企业进行投资。

本书进一步结合马克思资本循环理论分析企业金融化的成因，企业家发挥产业资本的货币职能，将购买的生产资料(P_m)和劳动力(A)投入生产阶段(P)得到制成品，最终通过销售商品(W′)获得收益。资本的规模从 G 增加到 G′，完成了价值增值的过程。

$$G \rightarrow W = A + P_m \cdots P \cdots W' \rightarrow G'$$

在实际生产的过程中，产业资本的循环周期较长且收益相对低于虚拟资本。企业家为能够实现最优化的资源配置和获取最大化收益，在初期购置与企业生产所要求的技术构成相匹配的生产资料和劳动力。

随着发展，经济体系有效需求不足和实体部门利润率下降导致实业投资在竞争中处于劣势。一方面，企业内部产业资本供给不足导致资本循环受阻，伴随生产资料剩余和劳动力失业，进一步恶化企业的实际生产。另一方面，企业为实现短期利润最大化并为将产供销实现货币资本增值的部分投入新一轮资本循环，而是参与虚拟资本的投资赚取高额利润。最终，企业因逐步减少实际生产中产业资本的投资，同时增加虚拟资本的投资规模，导致其呈现金融化的发展趋势。

经济体系中的政府、家庭和企业等非金融部门既是资金的供给方也是资金的需求方，而金融部门扮演中介角色。资金供给方主要考量利润率和收益率指标，并以收益最大化为目标进行投资。但是，由于利润率平均化很难在短时间内实现，大量资金从实际生产部门流向金融部门，进而加深了经济金融化的程度。资金需求方通常考虑融资成本和风险等因素，并以成本最小化为目标满足其自身流动性需求。但是，直接、间接融资成本和融资条件较高等原因变相促进了民间借贷、影子银行和互联网金融等新型融资方式的迅速发展，同时线上和线下融资平台的出现会促进金融机构创新和加速金融开放，使金融化水平进一步提升。

可见，金融市场发挥其资金融通的功能，既能使各部门间建立起联系，也可将金融化传导至非金融部门。

第二节

金融化影响实体经济的机制

本书在梳理已有研究和理论的基础上发现金融化对实体经济存在双重影响，并进一步从促进和抑制的角度分析具体的影响机制(见图 3-2)。

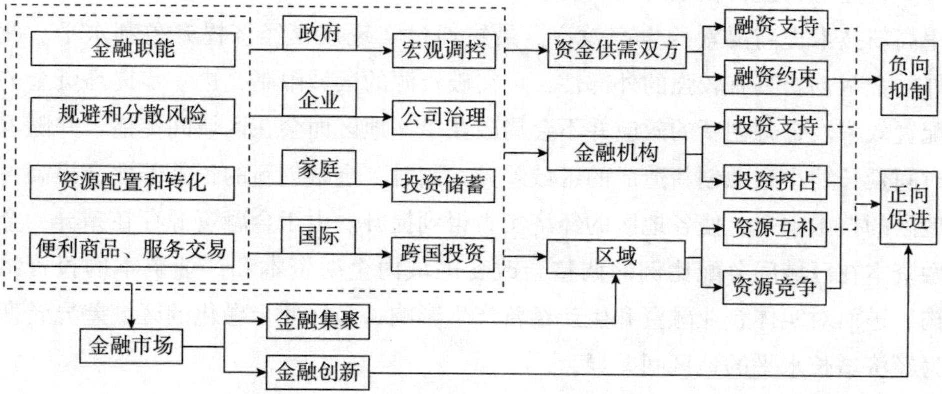

图 3-2　金融化影响实体经济的机制

资料来源：笔者绘制。

一、金融化促进实体经济的机制分析

(一) 金融发挥职能促进实体经济增长

Merton 和 Bodie(1995)明确了金融依托市场发挥的各项职能：首先，中央银行推行货币政策并通过公开市场业务调控货币供应规模和营造稳定的经济体系，有利于股票、债券市场和银行等金融机构发展。发展完善和监管健全的金融市场可有效降低企业的融资风险，并为新兴企业融资提供保障。其次，金融业作为资金融通的平台能够发挥中介功能。金融机构使融资双方建立起联系，有利于减少由于信息不对称导致资源配置低效带来的损失。最后，金融业能够汇集家庭储蓄发挥集聚的功能，并通过提高储蓄向投资转换的比例将家庭储蓄转化为实业投资。可见，金融在发挥宏观调控、中介和集聚职能的同时能达到降低融资、交易成本和减少信息错配的效果，进而能够有效服务实体经济增长。

(二)金融创新推动实体经济增长

金融业通过发挥职能促进实体经济增长的效果日益显著，使金融部门在经济体系中的重要性得以彰显。金融创新可强化这种促进作用，不仅有利于实体企业集聚以弱化融资竞争和实现信息、技术等要素共享，更能够加速金融资源流动以降低实体企业的融资、交易成本并使其规避在金融市场进行融资的风险。企业可将经营获取的利润、节约的成本用于产品开发和服务升级，同时应用高新技术提高要素的生产效率，最终通过实现规模经济提升盈利水平。此外，金融创新具有较强的外部性，可突破资源的区域限制，进一步提高资金的配置效率。金融创新的效应并不会局限在单一地区而会在区域间传播，并随着时间延长缩小金融创新造成的区域差异。同时，金融创新的正外部性会提高各地区的技术水平，使各地区的经济实力得到提升。由于金融资源存在差异，金融资本在区域间分配比例的调整会改变区域内金融资本和产业资本的投资结构，进而对实体企业融资和生产经营产生影响，最终使金融化的区域差异转变为经济增长水平的地区间差异。

随着我国不断进行金融体制改革，金融市场的竞争加剧，有利于资源配置。不同部门和区域的资金收益率成为投资者投资考虑的主要指标，使资金伴随收益率的波动由低回报的部门、区域流向高收益的部门、区域。金融资本积累达到一定规模后可以对高收益的项目进行投资，进一步将获取的收益投向金融市场以提高本地区的资金供给水平，便于实体部门在资金池中进行融资，最终推动区域内实体经济增长。因此，金融发展和创新可优化整个金融市场体系，通过提供多样化的金融工具和服务可更好发挥职能，同时其外部性和溢出效应有利于提高经济增长水平。

二、金融化抑制实体经济的机制分析

(一)地方政府的干预行为打破投融资平衡

受财政分权的影响，地方政府在中央政府的激励下追求辖区范围内的经济增长、助力政策扶持产业的发展。地方政府通过地方性融资平台对银行的信贷规模和投向进行干预，同时配合向上市公司进行政策倾斜等措施为属地企业提供财政补贴和税收优惠。地方政府的干预行为会打破金融市场内部的投融资均衡，进一步阻碍金融市场发挥功能，降低金融对经济增长的促进效力。

（二）金融抑制政策降低资源配置效率

金融抑制政策强调政府从利率、信贷和经营范围等角度控制金融体系的活动以提高有限资源的利用效率，包括限制信贷配给和利率等政策。政府实施该政策的目的是助力重点部门、企业发展，但是政府限制利率的结果具有不确定性，反而会降低整个体系的资本配置效率。一方面，限制利率存在便利大型企业、国有企业融资而加大中小企业融资限制的可能性，会扰乱金融机构平衡资金供给的能力。另一方面，市场利率调整会改变金融机构的流动性偏好，伴随资金以准备金和债券的形式回流，增加央行发行基础货币的压力和经济体系发生通货膨胀的隐患。

基于金融化对实体经济影响机制的分析发现，金融通过发挥融通资金、配置资源、分散风险和推动创新等职能促进实体经济增长，但是政府干预和金融抑制政策的实施等负向因素会抵消部分促进效果，使金融化对实体经济产生的影响具有不确定性。

第三节

非金融企业金融化影响实业投资的机制分析

非金融企业参与金融机构投资的规模不断增加会导致自身金融化的程度加深，并在提升资本盈利水平的同时带来账面资本虚高和经营偏离主业等风险。非金融企业金融化影响实业投资的机制具体如图 3-3 所示。

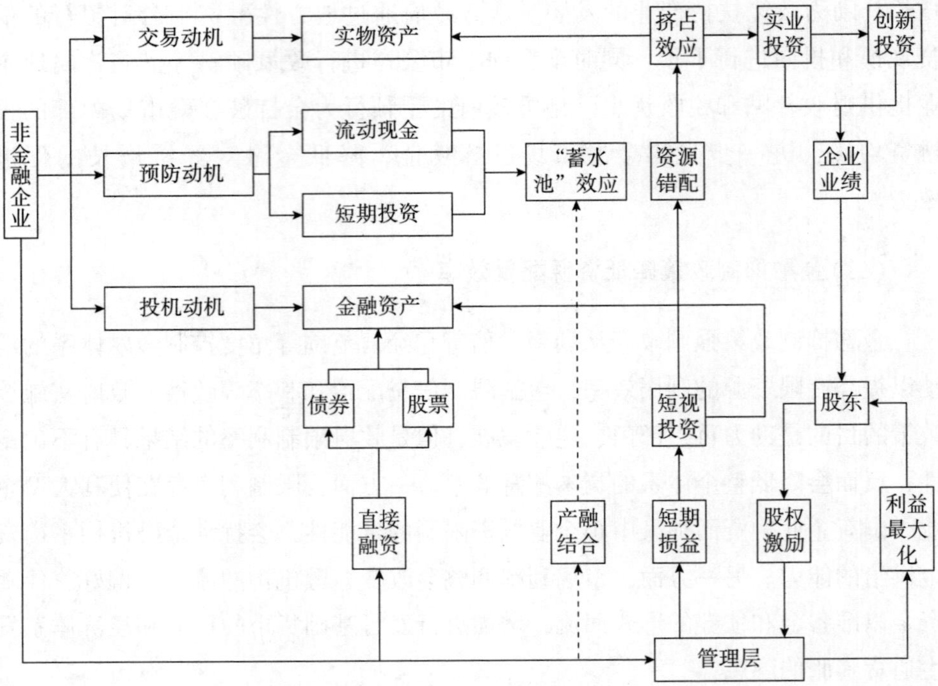

图 3-3　非金融企业金融化影响实业投资的机制

资料来源：笔者绘制。

一、非金融企业金融化促进实业投资的机制分析

经济主体持有金融资产和实业资产，并依据边际收益率进行资产配置。当资产收益率发生变化时，资产持有者会依据收益流向调整资产的持有比例，直至各类型资产的边际收益率相等才保持资产结构相对稳定。企业的预防动机通过持有现金和进行变现快、流动性强的短期投资满足，并将获得的收益用于支持实际生产。此外，当企业出现紧急资金需求时，预防性资金可防止企业在运营过程中受到融资约束的限制。中介部门汇集企业的闲置资金，经过对比、筛选确定可投资的实体项目，最终实现资金回流到实体部门。可见，企业在资金充足时通过投资金融资产赚取收益，而在资金短缺时通过发挥资金流动性的优势弥补现金流不足。非金融企业金融化能够同时起到缓解自身融资约束和为实体投资提供资金支持的正向促进作用。

二、非金融企业金融化抑制实业投资的机制分析

(一)金融资产投资挤占实业投资

企业持有的资产包括金融资产和实业资产，前者具有流动性高、投资收益高和周期短的特点。在企业资源有限条件下，管理层倾向配置高收益的金融资产而减少对实业资产的投资。管理层将生产领域的资源转向非实际生产的金融领域的短视投资行为，不利于设备的更新换代和技术的研发创新，最终导致企业的生产经营受到生产规模下降和生产效率低下的影响。我国对非金融企业涉足金融机构投资设定了严格的条件，可有效限制实体企业通过参与金融业投资来提高自身收益水平的行为。非金融企业应重点发展主业，并在符合条件后利用自有资金进行金融机构投资。此外，企业如果利用非自有资金进行虚假投资，所获取的投机性收益并不能真实反映企业的实际盈利水平和应对风险的能力，反而会提升企业的杠杆率，使风险在实体企业和金融部门间传导。

(二)高管股权激励转变企业的投资方向

随着经理人制度的产生，企业的管理体系因内部所有权和控制权的分离逐步复杂化。企业内部存在“股东—经理人”冲突，其中管理层追求企业成长和规模扩张，而股东追求高利润和高股价分红。在投资者和股东的双重压力下，企业的发展面临“成长”和“逐利”两种选择。管理层为赢得股权激励而转变投资方向，逐步引导企业发展趋于股权和收益金融化。为满足投资者高收益预期，企业将股票价格和分红维持在较高水平势必增加股息等金融支付的规模，导致自有资金被压缩，挤占可用于实业投资的资金规模。

(三)融资约束限制企业的投资行为

由于我国金融部门发展迅速，资金大部分流向金融业造成实体经济资金短缺。企业在融资过程中既要支付高额的贷款利息也要支付融资业务的中间费用，使自身发展受到高融资成本和低利润的影响。一方面，银行等金融机构倾向向信用评级和投资回报较高的企业投放贷款，导致部分中小企业和新兴企业融资受阻，增加企业的融资难度、打压企业的生产积极性，最终使实体经济发

展受损。另一方面，随着金融创新的溢出效应被放大，部分中小企业因盲目模仿而进行非理性的创新投资，不但没有达到预期效果，反而挤占了原本用于生产的投资。由于创新投资属于中长期投资，中小企业并无法在短期获得收益，而资金回流受阻又会导致资本循环中断使其陷入资金短缺的困境。受融资约束的企业在竞争中处于劣势，且受自有资金的限制会错失投资机会。加之融资成本较高，企业会因高额利息而放弃借款，最终被迫退出竞争从长期来看将面临被淘汰的风险。

(四)金融化提升企业的融资风险

非金融企业可利用多种方式从不同的渠道获得资金，但是融资的便利程度直接受其自身经营状况的限制。当企业经营状况良好时，投资回报高于资金的借贷成本，可增加营业利润及股东的股息和分红；反之，当企业经营不善时，低资本回报率会使企业因还债付息而陷于负债经营的困境，既增加融资风险也损害股东利益。此外，由于利率的非预期变动会引发经济波动，企业在融资前应预判利率的走势以降低借贷和发行债券的风险。未来利率大幅上升不仅会让企业面临利息费用骤增和利润骤降的双重打击，而且会吸引资金流入银行而减少流入股票市场的规模，最终导致利率波动的影响从间接融资渠道传导至直接融资渠道。可见，由利率波动引发的风险会沿着融资渠道传至企业内部，并对企业的经营状况和在金融市场的融资计划产生影响，最终导致风险在企业与金融市场间传导。

从以上分析可知，金融化对实业投资的影响有双重可能性：一方面，从积极影响来看。由于企业持有两种具有异质性的资本，相较于产业资本，金融资本不必经历复杂的资本循环过程且收益较高，而高效的“产融结合”有利于缓解企业的融资约束。同时，非金融企业参与金融相关投资，既能够保证自身主业顺利发展，也能够避免由于盲目地向金融业扩张和过度参与金融市场投资而导致实业投资受阻。另一方面，从消极影响来看。企业的资本在实业和金融投资间进行分配，其中进行实业投资与追求高收益制定的投资结构相矛盾，因融资难、成本高、利润低和竞争激烈等问题导致利益受损，导致扩大再生产的获利空间进一步被压缩。由于增持产业资本的动力不足，企业将投资转向期限短和收益高的金融部门，最终因实业投资不足导致自身业绩不断下降。因此，本书以非金融企业金融化影响实业投资的机制分析为基础，进一步通过实证方法对上述影响机制进行验证。

本章小结

本章第一节以金融业发展深化为起点分析政府、家庭和非金融企业金融化的表现及成因，并分析金融化在金融部门与非金融部门间的传导机制。本章第二节分析经济金融化影响实体经济的机制。一方面，金融通过发挥资金融通、集聚等功能提高资金流通速度和配置效率以满足实体部门的融资需求。另一方面，地方政府的干预行为不利于金融市场对经济增长发挥促进作用，金融抑制政策会降低资金配置的效率和金融市场的资金供给能力，加大企业进行实业投资的难度。可见，经济体系中同时存在金融化促进和抑制实体经济增长的效力。

本章第三节具体到非金融企业内部分析金融化影响实业投资的机制。一方面，企业进行金融资产投资以保持适度的金融化水平，既能够获得投资收益，也能够将金融资产快速变现以缓解自身的融资约束。另一方面，企业金融化阻碍实业投资，首先，当经济体系中金融相关投资的收益较高时，企业在进行资源配置时会倾向于增加持有金融资产的比例，导致自身发展表现出明显的金融化趋势。其次，由于企业的投资决策依赖于股东与管理层的博弈结果，管理层从考虑股东的利益出发制定增加金融资产投资而弱化实业投资的决策，虽然在短期内可满足股东的利益需求，但不利于企业的长远发展。再次，融资成本高、融资歧视等问题加大了企业获得资金支持的难度，降低了企业的生产积极性。最后，经营状况的不确定性使企业面对直接和间接融资方式的选择，同时利率的波动将融资风险在金融市场和实体企业间传导，最终导致金融市场发展和非金融企业融资受阻。

第四章

金融化与实体经济测度及波动特征分析

CHAPTER 4

随着泛金融部门在经济体系中的比重不断提升，金融化的发展趋势日益显著并对实体经济增长产生影响。本章主要测度金融化并分析金融化与实体经济波动特征，一方面，选取代表不同金融子市场的子指标，并分别将利用 SVAR 模型和 TVP-VAR 模型确定的静态和动态权重赋予子指标以得到测度金融化水平的综合指标。另一方面，应用 MS-AR 模型将金融化和实体经济指标划分为低水平、适度水平和高水平区制，并分析不同区制下两类指标的波动特征。

第一节

模型简介

一、结构向量自回归模型简介

传统的向量自回归（VAR）模型多被用于分析多个变量间的动态关系，但是其因只能识别变量当期与滞后期的关系，并难以反映同期关系而在实际应用中受到限制。SVAR 模型能够弥补上述不足，可用于反映变量间即时的结构关系。Amisano 和 Giannini（1997）明确了 SVAR 模型的设立、识别和估计方法，并将该模型用于动态系统中变量间结构关系的研究。

SVAR 模型中变量间当期与滞后期的关系依据经济理论，并通过构建动态系统进行分析，该模型的具体表达形式如下：

$$\Gamma_0 y_t = \delta + \Gamma_1 y_{t-1} + \Gamma_2 y_{t-2} + \cdots + \Gamma_p y_{t-p} + u_t \quad (4-1)$$

式中：y_t 为内生变量构成的向量，δ 为截距项，p 为滞后期数，Γ_0 为反映变量间的结构关系，u_t 为冲击项。

由于同阶的 SVAR 模型比 VAR 模型多估计 n^2（n 为变量个数）个参数，因此本章在估计参数时需对模型施加可识别的约束条件：一方面，对结构冲击项的方差-协方差矩阵施加约束，限定 Γ_0 主对角线的元素均为 1，同时假设干扰项之间不相关，则方差-协方差矩阵为对角矩阵。另一方面，依据经济意义，假定变量的影响存在时滞，即变量的冲击影响在下一期显现，则限定 Γ_0 为下三角矩阵。在上述约束条件的共同限制下，本章采取 AB 型 SVAR 模型进行估计，具体模型形式：

$$AA(L)y_t = A\varepsilon_t,\ A\varepsilon_t = B\varepsilon_t,\ E(\varepsilon_t) = 0,\ E(\varepsilon_t\varepsilon_t') = I_n \tag{4-2}$$

式中：ε_t 为标准正交的随机干扰项，且所选择变量之间相互独立，A 和 B 为 $n\times n$ 维正交因子分解矩阵，E 为期望，I 为 n 维单位矩阵。

二、时变参数向量自回归模型简介

TVP-VAR 模型由 SVAR 模型扩展而来，基本模型形式：

$$Ay_t = F_1 y_{t-1} + \cdots + F_s y_{t-s} + \mu_t,\ t = s+1, s+2, \cdots, n \tag{4-3}$$

式中：y_t 为 $k\times 1$ 维观测向量；A 为 $k\times k$ 维联立系数矩阵；$F_1, \cdots, F_s$ 为 $k\times k$ 维的滞后系数矩阵；扰动项 μ_t 为 $k\times 1$ 维的结构性冲击，且 $\mu_t \sim N(0, \sum\sum)$；$\sum$ 为对角矩阵。

假定系数矩阵 A 为下三角矩阵，可将式(4-3)表达为缩减 VAR 模型形式：

$$y_t = B_1 y_{t-1} + \cdots + B_s y_{t-s} + A^{-1}\sum \varepsilon_t \tag{4-4}$$

式中：$\varepsilon_t \sim N(0, I_k)$；$B_i = A^{-1}F_i$；$i = 1, 2, \cdots, s$。

将矩阵 B 中的元素按行堆叠得到 $k^2 s\times 1$ 维向量 β。

定义 $X_t = I_s \otimes (y_{t-1}, \cdots, y_{t-s})$，其中⊗表示克罗内克积，从而得到非时变系数的简化模型：

$$y_t = X_t\beta + A^{-1}\sum \varepsilon_t,\ t = s+1, s+2, \cdots, n \tag{4-5}$$

在式(4-5)中添加估计系数和随机波动的时变性，可得到 TVP-VAR 模型的基本形式：

$$y_t = X_t\beta_t + A_t^{-1}\sum\nolimits_t \varepsilon_t,\ t = s+1, s+2, \cdots, n \tag{4-6}$$

式中：β_t、A_t 和 $\sum_t$ 均具有时变特征。为降低模型估计过程的复杂程度并减少待估计参数，本章参考 Nakajima(2011)的处理方式，将下三角矩阵 A_t 中非 0 和 1 的元素堆叠成列向量，即令：

$$a_t=(a_{21},a_{31},a_{41},\cdots,a_{kk-1})',\ h_t=(h_{1t},\cdots,h_{kt})' \tag{4-7}$$

式中：$h_{it}=\log\sigma_{it}^2$，$i=1,\cdots,k$；$k=s+1,\cdots,n$。同时，假定式(4-7)的参数服从如下随机游走过程($t=s+1,\cdots,n$)：

$$\begin{matrix}\beta_{t+1}=\beta_t+\mu_{\beta t}\\ \alpha_{t+1}=\alpha_t+\mu_{\alpha t}\\ h_{t+1}=h_t+\mu_{ht}\end{matrix}\quad \begin{pmatrix}\varepsilon_t\\ \mu_{\beta t}\\ \mu_{\alpha t}\\ \mu_{ht}\end{pmatrix}\sim N\left(0,\begin{pmatrix}I&0&0&0\\0&\Sigma_\beta&0&0\\0&0&\Sigma_\alpha&0\\0&0&0&\Sigma_h\end{pmatrix}\right) \tag{4-8}$$

假定 $\beta_{s+1}\sim N(\mu_{\beta_0},\sum_{\beta_0})$，$\alpha_{s+1}\sim N(\mu_{\alpha_0},\sum_{\alpha_0})$，$h_{s+1}\sim N(\mu_{h_0},\sum_{h_0})$，并且各参数扰动项的协方差矩阵 $\sum_\alpha$、$\sum_\beta$ 和 $\sum_h$ 均为对角矩阵。

第二节 金融化测度

关于金融化的测算从戈氏指标和麦氏指标开始，后续研究大多选取金融相关率、M2/GDP、金融机构存贷款余额、金融资产占 GDP 的比重、金融业增加值占 GDP 的比重和金融业从业人员数等单一指标而较少构建综合指标测度金融化水平。为改善单一变量不能够准确、全面衡量金融化的情况，诸多学者改进和完善了金融化的测算方法，其中构建综合指标测算金融化的方法被广泛应用。

一、金融化综合指标的构建基础

金融化综合指标因同时纳入货币、股票和房地产市场的因素而能够综合考虑金融变量对实体经济的影响。由于学术界尚未形成系统测度金融化指标的方法，本章参考大多数学者对多变量数据进行加权处理构建金融条件指数（Financial Conditions Index，FCI）的方法测度金融化。已有研究应用了多种确定权重的方法，其中通过VAR模型得到各金融变量对通货膨胀等目标变量的累积脉冲响应结果并计算权重的方法应用广泛。Goodhart和Hoffman（2001）利用上述方法构建包含短期利率、有效汇率、房地产价格和股票价格四个指标实际值的FCI。朱秋分和卢二坡（2018）进一步加入广义货币供给量、实际有效汇率指数构造FCI以更全面反映金融市场的构成情况。随着VAR模型的扩展，SVAR模型的脉冲响应结果同样被用于构造FCI。巴曙松和韩明睿（2011）分别从供给和需求的角度利用SVAR模型构建FCI，而徐国祥和郑雯（2013）从分析货币政策的传导机制入手确定变量间的正向或者反向影响关系，并利用SVAR模型构造固定权重的FCI。

除通过利用VAR模型确定指标权重外，仍有部分学者利用主成分分析法（Brave和Butters，2011；邓创和徐曼，2014；田新民和武晓婷，2018）、奇异谱方法（郑小琴，2018）、混频动态因子模型（尚玉皇和郑挺国，2018）、时变参数状态空间模型（余辉和余剑，2013）、模糊层次分析法（肖雨，2014）和熵值法（裴祥宇，2017）等方法确定子指标的静态或动态权重。可见，在构建综合指标的过程中，已有研究意识到静态权重的设定缺乏精确性，进一步考虑指标构建的动态性和时变性以提高测量的准确度，为本章确定综合指标的权重提供参考。

（一）静态权重指标的构建

由于先行研究依靠经验赋值确定金融化指标具有较强的主观性且结果不够准确，本章参考构建FCI综合指标的方法测度金融化水平。VAR模型的应用受无法识别变量间当期关系的限制，而SVAR模型通过施加约束进一步改进了VAR模型并得到应用。本章利用SVAR模型的脉冲响应结果构建静态权重的金融化综合指标（FI）：

$$FI\text{-}SVAR_t = \sum_{i=1}^{n} w_i(q_{it} - \bar{q}_{it}),\ w_i = |z_i| \Big/ \sum_{i=1}^{n} |z_i| \tag{4-9}$$

式中：$(q_{it}-\bar{q}_{it})$为资产i在t时期的缺口值，本章对剔除季节和不规则影响后的数据进行HP滤波处理，并在分离出资产i在t时期的价格q_{it}的波动趋势后得到各变量的缺口值；w_i为指标的权重；z_i为变量i对通货膨胀指标CPI的累积脉冲响应值。

(二)动态权重指标的构建

与利用SVAR模型构建静态权重的方法不同，本章进一步在构建金融化综合指标时对其赋予时变权重。动态权重综合指标既能反映不同子指标的影响程度差异，也能表示指标对外生冲击响应的时变性。邓创等(2016)率先在国内引进TVP-VAR模型构造FCI，其研究结果表明对静态权重进行改进能够更好地反映金融变量对目标变量在不同时点的影响程度差异。动态权重综合指标的具体计算方法如下：

$$FI\text{-}TVP_t = \sum_{i=1}^{n} w_{it}(q_{it}-\bar{q}_{it}),\ w_{it} = |z_{it}| \Big/ \sum_{i=1}^{n}|z_{it}|,\ t=1,2,\cdots,T \qquad (4-10)$$

式中：w_{it}为指标的时变权重。

二、金融化综合指标的权重确定

(一)变量选取及数据处理

本章选取金融资产合计(FA)、保费收入(IN)和房地产成交额(HO)分别作为金融、保险和房地产市场的代表指标，同时加入反映货币市场供求状况的广义货币供应量(M2)和金融机构贷款余额(DE)月度样本构造金融化指标(高天一和丁宇刚，2019；郑苏晋等，2019；赵奉军和骆祖春，2019；杨慧和李超，2019)，样本区间为2000年1月至2019年6月。其中，金融资产合计由股票成交金额、期货成交金额、7天银行间同业拆借成交金额和待购回债券余额汇总得到。房地产成交额由房地产开发企业住宅、办公楼、商业营业用房和商品房销售额的累计值转化为当期值并汇总得到，以上指标的数据均源自Wind数据库。所有变量均利用以2000年为基期的CPI(居民消费价格指数)进行消胀处理。进入模型分析的数据是经过对数化、季节调整和HP滤波处理得到的各变量的缺口值。

(二)变量的平稳性检验及模型的滞后阶数确定

非平稳序列在时点上的随机性太强，不适用反映样本的整体特征。本章率先对各变量的平稳性进行检验，结果如表4-1所示。

表 4-1 变量 ADF 平稳性检验结果

变量	t 统计量	P 值	结果	变量	t 统计量	P 值	结果
CPI	-4.061908	0.0082	平稳	HO	-9.757634	0.0000	平稳
DE	-4.752554	0.0007	平稳	IN	-8.344668	0.0000	平稳
FA	-5.019348	0.0003	平稳	M2	-4.740658	0.0008	平稳

注：ADF 检验 1%、5%和 10%水平的临界值依次为-3.998635、-3.429570 和-3.138293。

ADF 检验的结果表明，各变量均具有平稳性，可用于构建 VAR 模型。本章进一步结合表 4-2 中的结果，依据大多数信息准则确定模型的最优滞后阶数为 1，适宜构建 VAR(1)模型。

表 4-2 VAR 模型滞后阶数选择的结果

Lag	LogL	LR	FPE	AIC	SC	HQIC
0	-1297.826	NA	0.004	11.538	11.630	11.575
1	-157.885	2209.267	2.36×10^{-7} *	1.769 *	2.405 *	2.025 *
2	-126.284	59.565	2.46×10^{-7}	1.808	2.988	2.284
3	-96.327	54.878	2.60×10^{-7}	1.861	3.587	2.558
4	-57.079	69.811	2.53×10^{-7}	1.833	4.103	2.749
5	-31.200	44.659	2.78×10^{-7}	1.922	4.737	3.058
6	1.514	54.716 *	2.89×10^{-7}	1.951	5.311	3.307
7	13.595	19.564	3.60×10^{-7}	2.163	6.068	3.739
8	41.875	44.297	3.91×10^{-7}	2.231	6.681	4.027

注：* 代表通过信息准则筛选的滞后阶数。AIC（Akaike Information Criterion）、SC（Schwarz Criterion）和 HQIC（Hannan-Quinn Information Criterion）为模型选择的三大准则，本书余同。

(三) 基于 SAVR 模型的静态权重确定

本章对 SVAR 模型施加短期约束条件，并在完成模型的识别后估计 AB 型 SAVR(1)模型得到矩阵 A 和 B 的估计结果：

$$A=\begin{bmatrix} 1.0000 & & & & & \\ 5.8234 & 1.0000 & & & & \\ -7.2257 & -0.3986 & 1.0000 & & & \\ -2.6989 & -0.2343 & -0.1177 & 1.0000 & & \\ 14.9055 & -0.2663 & -0.1291 & 0.0050 & 1.0000 & \\ -0.3298 & -0.8337 & -0.0162 & -0.0189 & 0.0001 & 1.0000 \end{bmatrix}$$

$$B=\begin{bmatrix}0.0106 & & & & & \\ & 0.2960 & & & & \\ & & 0.7170 & & & \\ & & & 0.8676 & & \\ & & & & 0.9284 & \\ & & & & & 0.2673\end{bmatrix}$$

在完成对 SVAR 模型的估计后，本章选取 CPI 为目标变量，依据其他变量对 CPI 的冲击结果做 30 期累积计算子指标的静态权重，并利用式(4-11)计算得到静态权重的金融化综合指标，便于与动态权重指标进行比较。

$$FI-SVAR_t=w_1FA+w_2DE+w_3M2+w_4HO+w_5IN \quad (4-11)$$

(四)基于 TVP-VAR 模型的动态权重确定

TVP-VAR 模型进一步允许待估系数的矩阵和干扰项的方差均具有时变特征，可利用马尔科夫链蒙特卡洛模拟方法进行相应的参数估计以获取变量间单位冲击的脉冲响应结果。Nakajima 进一步将 TVP-VAR 模型推广到多变量情形，并给出对参数进行估计的方法。本章对通过平稳性检验的变量进行 TVP-VAR 模型的估计，并通过 MCMC 模拟 10000 次得到模型的估计结果如表 4-3 所示。

表 4-3　TVP-VAR 模型的实证结果

参数	均值	标准差	95%置信区间	CD 统计量	无效因子
$(\Sigma_\beta)_1$	0. 0234	0. 0027	[0. 0187，0. 0294]	0. 398	21. 07
$(\Sigma_\beta)_2$	0. 0228	0. 0026	[0. 0184，0. 0285]	0. 081	11. 78
$(\Sigma_\alpha)_1$	0. 0623	0. 0188	[0. 0365，0. 1091]	0. 045	89. 76
$(\Sigma_\alpha)_2$	0. 0497	0. 0121	[0. 0327，0. 0803]	0. 486	33. 93
$(\Sigma_h)_1$	0. 3959	0. 0926	[0. 2318，0. 5963]	0. 919	60. 21
$(\Sigma_h)_2$	0. 4827	0. 0858	[0. 3305，0. 6648]	0. 047	42. 63

注：其中 Σ_β 和 Σ_α 为放大 100 倍数。

表 4-3 列示了各参数估计的统计量，其中参数的后验均值位于 95%置信区间内，且标准差较小。CD 统计量收敛诊断结果均不能拒绝收敛于后验分布的原假设。无效因子用于判断抽样的有效性，其中金融化指标体系无效因子的最大值为 89. 76，表明 MCMC 获得约 111. 41 个不相关样本，足以保证估计的精

确度。上述统计量表明基于贝叶斯估计方法得到的估计结果有效，且输出的脉冲响应结果可用于计算动态权重。本章绘制各子指标的动态权重图（见图 4-1），并应用式（4-12）对各子指标的缺口值赋予相应的动态权重进而得到综合指标用于反映金融化的动态演变趋势。

$$FI-TVP_t = w_{1t}FA + w_{2t}DE + w_{3t}M2 + w_{4t}HO + w_{5t}IN \quad (4-12)$$

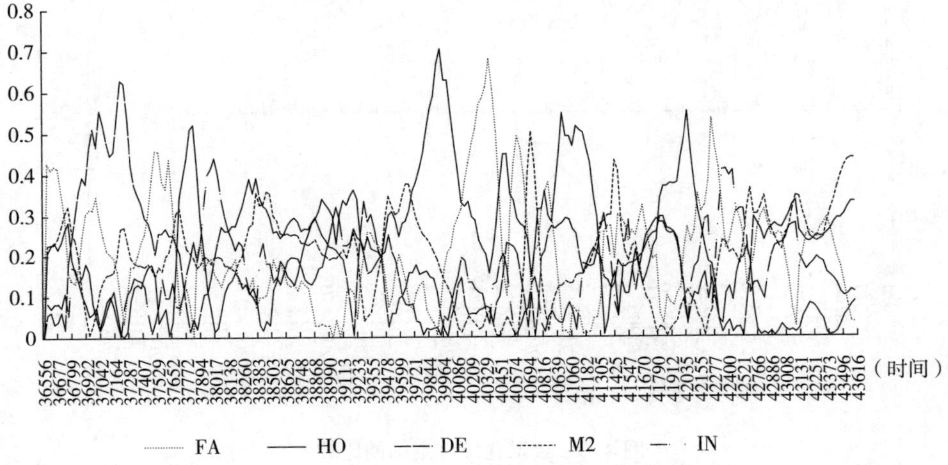

图 4-1　金融化各子指标的动态权重

如图 4-1 所示，2002~2004 年，权重较大的变量依次为 DE、FA、HO 和 IN；2005~2008 年，HO、DE 和 M2 的权重相对较大，FA 的权重相对较小；2009~2015 年，由于住房体制改革和城镇化水平提高，房产的市场需求增加和房价的预期提高使 HO 的权重处在较高水平；2016~2019 年，随着房地产市场的金融属性增强和市场内部泡沫严重，国家进行政策调控使房地产的交易受到影响，HO 的权重呈下降趋势，同时银行业在支持国家战略、推动传统企业结构调整和创新小微金融产品等方面不断努力，DE 的权重明显提升。可见，金融化各子指标的权重受子市场发展程度、宏观政策等方面的影响，均呈现明显的时变特征。

三、金融化综合指标的比较

在分别估计 SVAR 模型和 TVP-VAR 模型的基础上，本章利用脉冲响应结果计算衡量金融化水平的各子指标的静态权重和动态权重，并绘制不同权重金融化综合指标的变动趋势图(图 4-2)以选取最优指标。

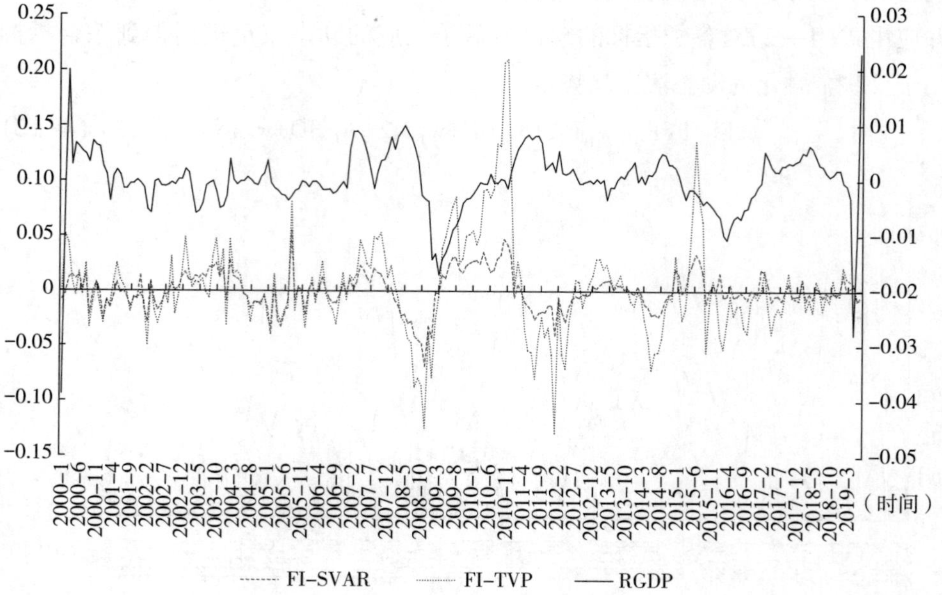

图 4-2 金融化综合指标的比较

注：次坐标轴为实体经济(RGDP)的数值。

本章依据金融化和实体经济变动的趋势分别以 2006 年和 2012 年为节点将整个样本区间划分为三个阶段进行分析。第一阶段：2000~2006 年，FI-SVAR 与 FI-TVP 对金融化水平度量的差异较小，该区间内经济运行相对平稳且不存在较大波动。金融化与实体经济同步发展且具有相同变化趋势。在金融市场发展初期，金融化程度较低，而实体经济增长占主导，FI-TVP 变动先于 RGDP 指标 2 个月左右。第二阶段：2007~2012 年，FI-SVAR 与 FI-TVP 对金融化水平的度量在关键时点存在明显差异。全球金融危机爆发后，FI-SVAR 对金融市场受到的冲击缺乏敏感性，并不能立即作出调整。受市场规模改变和外部危机冲击的影响，FI-TVP 明显先于 RGDP 指标，相较于第一阶段领先幅度延伸至 7 个月左右。例如，FI-TVP 自 2007 年 8 月起下降，并在 2008 年 11 月达到最低点后逐步上升到 2009 年 10 月；RGDP 自 2008 年 3 月起下降，并在 2009 年 3 月达到最低点后再次上升到 2010 年 5 月。第三阶段：2013~2019 年，FI-SVAR与 FI-TVP 对金融化水平度量的差异扩大。政府出台多项推动金融支持实体经济发展的政策，并进一步推动金融业改革开放。由于政策在实体部门发挥作用存在时间滞后性，金融化指标的变动领先实体经济指标变动的幅度进一步延伸至20个月左右。可见，FI-TVP相较比FI-SVAR的时变性明显，对金融化水平的测度更精准，并且能够预判实体经济的发展走势。本章最终选取动态权重指标测度金融化水平，并用于分析实体经济增长的影响因素。

第三节

金融化与实体经济的波动特征分析

一、金融化的波动特征分析

MS-VAR模型由Hamilton(1989)提出，实现了实证分析由线性模型扩展到非线性模型，该模型在具有结构性突变的时间序列中引入区制，用于分析序列在不同阶段的波动特征和非线性转换关系。本章将金融化和实体经济指标划分为低水平、适度水平和高水平三个区制，并依据实证结果分析不同区制的性质和转换特征。

本节对金融化指标建立包含低水平、适度水平和高水平三种状态的MS-AR模型，通过估计AR模型确定金融化指标的自回归阶数为1，并对比所有备选模型的信息准则最终确定构建MSIH(3)-AR(1)模型，具体的估计结果如表4-4所示。

表4-4 MSIH(3)-AR(1)模型的估计结果

	区制	变量	系数	标准差	t值	区制统计特征	
估计结果	区制1	常数项	-0.0011	0.0066	-0.1607	区制标准差	0.0240
	区制2		-0.0006	0.0020	-0.2828		0.0142
	区制3		0.0058	0.0095	0.6142		0.0491
		FI_1	0.7281***	0.0675	10.7884		
模型信息	对数似然值		533.5778		AIC准则		-4.4685
	观测值		233		HQ准则		-4.3908
					SC准则		-4.2759

注：***代表 $p<0.01$。

资料来源：OxMetrics输出结果整理。

估计结果显示，常数项和标准差在不同区制间存在明显差异。本章比较不同区制内常数项估计结果的标准差以对应预先设定的三种状态，其中区制 2 的标准差最小为 0.0020 对应低水平金融化的状态，区制 3 的标准差最大为 0.0095 对应高水平金融化的状态，而区制 1 的标准差为 0.0066 介于二者间，对应适度金融化水平的状态。FI_1 代表金融化指标的滞后一期，该指标的系数取值为 0.7281 且显著，说明金融化的发展存在惯性①，即当期金融化水平受滞后一期金融化水平的影响程度较大。

图 4-3 为区制划分所依据的平滑概率图，依次为适度水平(区制 1)、低水平(区制 2)和高水平(区制 3)金融化对应的平滑概率结果。

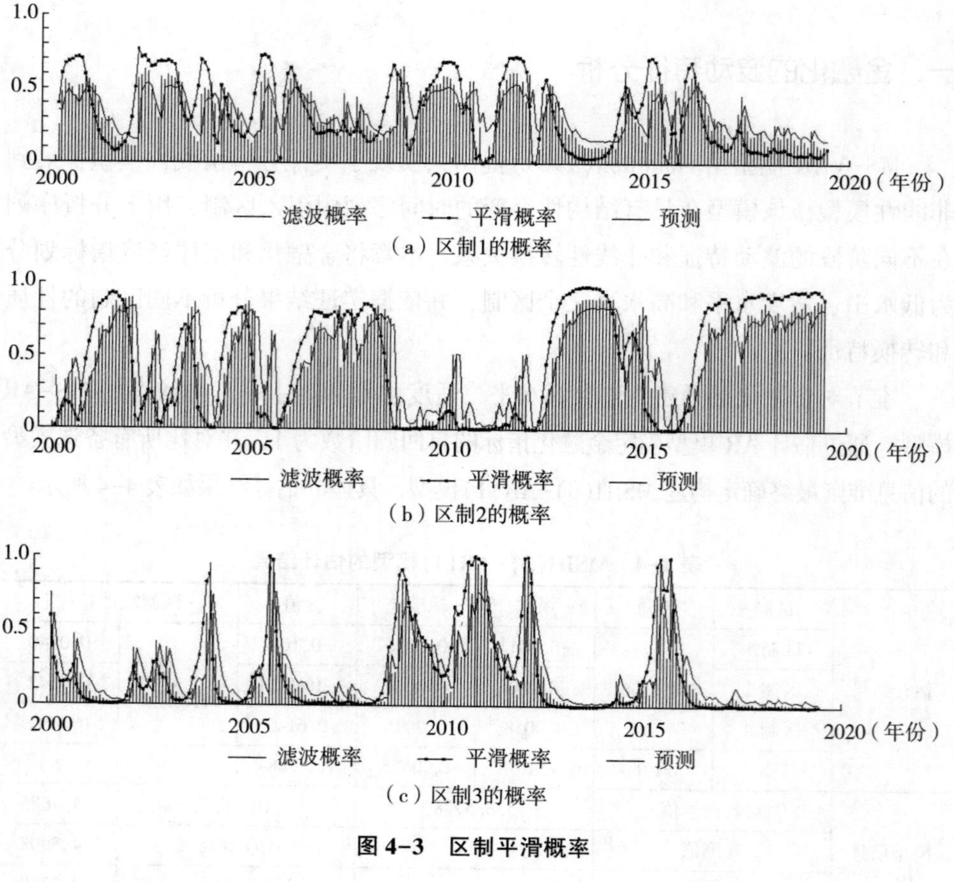

图 4-3　区制平滑概率

① 经济增长惯性是指一个国家或经济体保持其原有增长形态和特征，并难以在短时间内发生转变的性质。

本章结合表 4-5 各区制的性质进行分析：区制 1，金融化水平维持本区制状态的概率为 0.7500，向区制 2 和区制 3 转移的概率分别为 0.1136 和 0.1364；区制 2，金融化水平维持本区制状态的概率为 0.9176，向区制 1 和区制 3 转移的概率分别为 0.0807 和 0.0017；区制 3，金融化水平维持本区制状态的概率为 0.7671，向区制 1 和区制 2 转移的概率分别为 0.2133 和 0.0196。可见，金融化水平维持本区制状态的概率较大，向其他区制转移的概率较小，说明金融化水平具有一定的稳定性。

表 4-5　金融化水平区制性质

区制	区制 1	区制 2	区制 3	观测值	处于本区制的概率	持续期(月)
区制 1	0.7500	0.1136	0.1364	77.0	0.3208	4.00
区制 2	0.0807	0.9176	0.0017	108.4	0.4878	12.14
区制 3	0.2133	0.0196	0.7671	47.7	0.1915	4.29

由三区制向量转移模型得到金融化水平处在三种区制内的概率分别为 0.3208、0.4878 和 0.1915，其中金融化水平处在低水平区制的概率最大且持续期为 12.14 个月左右。本章依据平滑概率大于 0.5 的标准确定各样本时点归属的区制，整理得出金融化水平三区制的划分结果如表 4-6 所示。

表 4-6　金融化水平的分区制结果及概率

区制 1(适度水平)	概率	区制 2(低水平)	概率	区制 3(高水平)	概率
2000-03~2000-11	[0.6457]	2000-12~2001-12	[0.8138]	2000-02~2000-02	[0.5924]
2002-01~2003-02	[0.6607]	2003-03~2003-07	[0.6374]	2003-12~2004-02	[0.7452]
2003-08~2003-11	[0.6227]	2004-04~2005-01	[0.6999]	2005-08~2005-10	[0.8189]
2004-03~2004-03	[0.5192]	2006-03~2008-05	[0.7369]	2008-10~2009-04	[0.7272]
2005-02~2005-07	[0.6571]	2012-07~2014-04	[0.8659]	2010-04~2011-02	[0.8296]
2005-11~2006-02	[0.5822]	2014-06~2014-10	[0.6050]	2011-12~2012-03	[0.8569]
2008-06~2008-09	[0.6036]	2016-03~2019-06	[0.8708]	2015-04~2015-10	[0.8239]
2009-05~2010-03	[0.6121]				
2011-03~2011-11	[0.6594]				
2012-04~2012-06	[0.5122]				
2014-05~2014-05	[0.5187]				
2014-11~2015-03	[0.6478]				
2015-11~2016-02	[0.6226]				

如表 4-6 所示，在金融市场发展初期(2003 年)、股票和房地产市场扩张(2005 年)和政府投资刺激(2010 年)的部分月份，金融化拥有较高的发展水平。本章进一步比较金融化指标在各区制的持续时间，得到如表 4-5 所示一致的结果。金融化保持适度水平的时期较短，而处于低水平区制的概率较大且持续时间较长。自 2000 年以来，我国经济金融化的水平整体较低，特别是自 2016 年 3 月以来主要处在低水平区制。

因此，我国需通过实施金融开放实现在金融领域引进外资的目标，并将投资资金的来源范围扩大到全球金融市场。金融业的改革开放意味着银行、证券和保险等行业针对外资全面开放，有利于推动金融机构升级、增加资金融通渠道和提高资金使用效率，进而能够全方位提升金融服务质量。

二、实体经济的波动特征分析

此处同样通过估计 AR 模型确定实体经济指标的滞后阶数，进一步估计所有的备选 MS-AR 模型以便于筛选，最终通过对比各个备选模型的信息准则和对数似然值确定对实体经济指标构建低水平、适度水平和高水平三种状态的 MSIH(3)-AR(4)模型，并得到如表 4-7 所示的估计结果。

表 4-7　MSIH(3)-AR(4)模型的估计结果

	区制	变量	系数	标准差	t 值	区制统计特征	
估计结果	区制 1	常数项	0.0038	0.0115	0.3252	区制标准差	0.0210
	区制 2		0.0001	0.0001	0.8328		0.0009
	区制 3		-0.0001	0.0004	-0.1396		0.0027
		RGDP_ 1	0.9976***	0.0632	15.7841		
		RGDP_ 2	-0.0581	0.0663	-0.8765		
		RGDP_ 3	-0.0365	0.0406	-0.8986		
		RGDP_ 4	-0.0165	0.0288	-0.5714		
模型信息	对数似然值		1133.2059		AIC 准则	-9.7148	
	观测值		230		HQ 准则	-9.6184	
					SC 准则	-9.4757	

注：*** 代表 $p<0.01$。

资料来源：OxMetrics 输出结果整理。

依据表4-7的估计结果对比不同区制常数项的标准差以对应三个区制，其中，区制2的标准差最小为0.0001，对应实体经济增长低迷的状态；区制1的标准差最大为0.0115，对应实体经济快速增长的状态；区制3的标准差为0.0004，介于二者之间，对应实体经济适度增长的状态。RGDP_1代表实体经济的滞后一期，该指标的系数显著为正且取值为0.9976，说明实体经济增长同样存在惯性。

结合表4-8对各区制性质分析的结果发现：区制1，实体经济指标维持本区制状态的概率为0.6343，向区制2和区制3转移的概率分别为0.0003和0.3654；区制2，实体经济指标维持本区制状态的概率为0.8020，向区制1和区制3转移的概率分别为0.0035和0.1945；区制3，实体经济指标维持本区制状态的概率为0.6584，向区制1和区制2转移的概率分别为0.0177和0.3239。可见，实体经济指标维持本区制状态的概率较大，向其他区制转移的概率较小，说明该指标在不同状态和区制之间的转移具有惰性和非对称性（实体经济指标详细分区制设定结果见附表1）。

表4-8 实体经济区制性质

区制	区制1	区制2	区制3	观测值	处于本区制的概率	持续期（月）
区制1	0.6343	0.0003	0.3654	4.4	0.0236	2.73
区制2	0.0035	0.8020	0.1945	140.8	0.6060	5.05
区制3	0.0177	0.3239	0.6584	84.8	0.3704	2.93

MS-AR模型的结果表明，金融化和实体经济指标的波动具有惯性，分析其原因发现：首先，投资具有乘数效应，投放在经济体系的资金能够通过企业运行和项目实施转化形成新的投资，并通过乘数效应使投资保持较高的增长率和利用率。其次，由于供给过剩与有效需求不足的情况共存，我国通过调整消费结构和促进产业升级拉动经济增长。虽然，新技术、新产品、新业态等能够对经济增长发挥促进作用，但是难以替代传统行业对经济增长影响的惯性。最后，我国的经济发展受供给侧改革、金融开放和吸引外资等政策的影响具有不确定性，仍需通过市场发挥作用进行调节。经济增长有其自身规律，短期内并不会因政策的实施而改变运行趋势，中长期才会展现其受累积政策的影响效果。可见，投资的乘数效应、消费与传统制造行业的拉动和宏观调控等共同发挥作用使经济发展具有惯性。

三、金融化与实体经济的分区制发展路径

进一步绘制金融化和实体经济指标的区间走势图(见图4-4)，用于分析两类指标的发展路径。1997年，东南亚金融危机的影响一直持续到1999年，对股市和期货市场的冲击巨大，导致我国金融化处于较低水平。房地产和股票市场持续低迷，随着金融化水平的下降及其对实体投资挤出效应的降低。与此同时，投资流向实体部门，有利于刺激实体经济增长。中国加入世界贸易组织后，银行信贷和贸易规模明显增加，使金融化的水平得到提升。随后宏观调控引起金融化水平较大幅度的波动，而2005年股价上升和房地产市场扩张促使金融化水平开始回升。

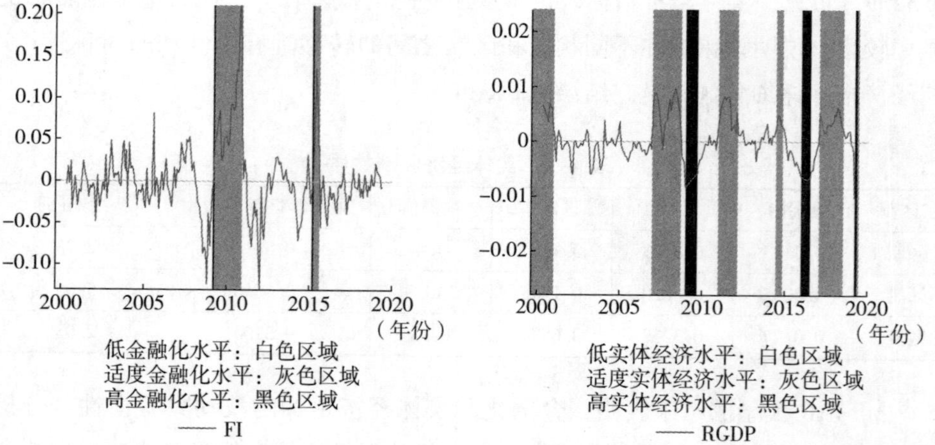

（a）金融化　　（b）实体经济

图4-4　金融化与实体经济指标区制划分结果

2007年年初，我国金融化水平开始呈下降态势，2008年中期达到最低点。由于金融市场投资的风险陡然增大，实体经济规模持续增加，但从2008年年初开始剧烈下滑。显然，全球金融危机的负面影响在金融领域呈现出传播快和影响大的特征，而对实体经济的冲击存在一定程度的时滞性。为有效应对金融危机的不良影响和扭转经济下行趋势，政府增加投资并出台了一系列扩张性经济政策以促进经济复苏。2009~2011年，金融市场吸纳投资后出现了快速反弹，而实体经济的恢复过程较漫长且消化政策的效应需较长时间。2011年后，

投资刺激减弱和债务危机的双重影响使金融化的水平明显降低。2012~2016年，实体经济一直处于缓慢复苏的阶段，同时金融管理部门对金融市场的风险防范和监管逐步完善，使金融化指标的波动幅度明显减小。

2016年，在政府确定"三去一降一补"的任务后，制造业产能降低和低利润企业被强制淘汰导致实体经济的增长水平明显下降。随着供给侧结构性改革的推进，国家适时推出了一系列简政放权和降税计划以降低企业的负担。2017年后实体经济的增长速度明显企稳，并出现增速恢复的迹象。我国在政策落实的过程中重点减少房地产库存并控制企业的杠杆水平，导致金融化水平呈下降趋势。金融化和实体经济的区制划分结果能够明确反映二者的发展进程，并突出金融环境和政策干预的影响效果。政府通过完善政策和监管达到促进金融市场发展和升级的目的，有助于金融市场更好地服务实体经济发展。

本章小结

随着我国经济发展的过程中投资偏离实体问题的突出，金融化水平不断提高并对金融体系的稳定和金融部门的职能发挥产生影响。本章第一节简单介绍了SVAR和TVP-VAR模型。本章第二节选取代表金融、保险和房地产等市场的子指标，并利用SVAR模型和TVP-VAR模型确定综合指标的静态和动态权重，最终完成对金融化水平的测度。进一步对比静态和动态权重综合指标发现，FI-TVP的时变性更明显、测度的精准性更高，并且能够用于分析实体经济增长的影响因素。本章第三节利用MS-AR模型将金融化和实体经济指标划分为低水平、适度水平和高水平三种状态进行分析发现，金融化维持在高水平和适度水平区制的时期较短，而处于低水平区制的概率较大且持续时间较长。一方面，金融化和实体经济的波动存在区制依赖性，具体表现为处在本区制的概率较大，向其他区制转移的概率较小；另一方面，金融化和实体经济增长存在惯性，容易受到滞后一期发展水平影响。

第五章

金融化影响实体经济的研究：基于宏观视角

CHAPTER 5

随着金融业改革开放的推进，金融部门发展出现投资偏离、价格虚高和金融风险增加等问题，并对实体经济的增长产生了影响。本章从分阶段和分区制的角度分析金融化对实体经济的影响，一方面，利用交叉验证法确定最优调节参数，以及估计全样本和分阶段样本 Lasso 回归的结果，并应用最小角回归法对实证结果进行稳健性检验；另一方面，利用 MS-VAR 模型分析金融化与实体经济的区制关联性。

第一节

金融化影响实体经济的分阶段研究

一、Lasso 回归简介

由 Tibshrani(1996)提出的压缩估计方法 Lasso(Least absolute shrinkage and selection operator)是通过构造惩罚约束条件对系数施加约束后进行广义线性模型估计，同时得到可降低方差的最小化残差平方和。Lasso 回归通过剔除结果中系数为零的解释变量，既能有效解决变量间存在的共线性问题，也能通过筛选变量起到精简模型的作用。

Lasso 回归的原理是将一般线性回归(OLS)模型的残差平方和最小作为目标函数，同时施加回归系数的绝对值之和小于尺度 t 的约束条件，其中 t 越小则表明约束条件的压缩效果越强。当最小化目标函数时，对 y_i 解释能力弱的变量系数被压缩至 0，并在建模时将该变量对应的影响因素剔除以得到更精准的模型。具体的目标函数如下：

$$\beta^{Lasso}=\operatorname{argmin}\sum_{i=1}^{n}\left(y_i-\beta_0-\sum_{i=1}^{p}x_{ij}\beta_j\right)^2 \quad s.t.\ \sum_{j=1}^{p}|\beta_j|\leqslant t \tag{5-1}$$

Lasso 回归默认变量服从高斯分布，对应的观测值 $x_i \in R^P$ 和响应变量 $y_i \in R$，其中 $i=1,2,\cdots,N$，回归的目标函数如下：

$$\min_{(\beta_0,\beta)\in R^{p+1}} \frac{1}{2N}\sum_{i=1}^{n}(y_i-\beta_0-x_i^T\beta)^2+\frac{1}{2}\lambda\|\beta\|_2^2+\alpha\|\beta\|_1 \tag{5-2}$$

式中：$\lambda \geqslant 0$，$0 \leqslant \alpha \leqslant 1$；当 $\alpha=1$ 时进行 Lasso 估计。参数 λ 用来控制模型的惩罚力度，参数 α 适用应对高相关性数据的情形，β 为统计系数，T 代表转置。

二、研究设计

本章综合考虑金融部门和非金融部门能够对实体经济产生影响的因素，并引入金融化(FI)、进出口金额(IMEX)、固定资产投资完成额(INV)、股票成交金额(STCJ)、境内上市公司股票总市值(STSZ)、公共财政支出(FIC)、人民币实际有效汇率(EX)、社会消费品零售总额(CON)、政府部门债券发行量(GDE)、银行间同业拆借利率(INTE)、第二产业产值占 GDP 的比重(SEC)、第三产业产值占 GDP 的比重(THI)和产业结构(TH)等来自不同部门和市场的指标。虽然，诸多学者利用 M2/GDP 作为衡量货币政策的指标，并利用该指标分析货币市场对实体经济的影响。但是，M2 代表整个经济体系的货币供应存量，并不能反映实体经济实际的货币水平，所以本章并未将该变量纳入模型分析(裴平和熊鹏，2003；韩微微和燕小青，2014；张林和张维康，2017；赵儒煜和常忠利，2020)。EX 数据源自国际清算银行，其他变量数据来自 Wind 数据库，各变量的样本区间和处理方式与上一章相同。

三、实证分析

为提高模型估计的精确度，本章多次为 λ 赋值进行重复估计，不仅通过交叉验证确定使模型估计误差最小的调节参数 λ 和对应解释变量的估计系数，还通过因素筛选构建最具有解释能力的模型。交叉验证的具体实现过程如下：首先，将数据集分为训练集(一般大于一半)和测试集；其次，率先利用训练集拟合待估计的模型，得到均方误差并求得平均值；最后，确保使均方误差达到最小的模型，并用测试集对模型进行验证。

本章率先利用交叉验证对影响实体经济的 13 个因素进行筛选，剔除影响力度较小的 STSZ、THI 和 TH 指标。由于我国自 2012 年召开第四次全国金融工作会议后开始重点关注金融支持实体经济的问题，因此本章以 2012 年为节点分别进行全样本和分阶段(第一阶段：2000-01～2011-12；第二阶段：2012-01～2019-06)的 Lasso 回归，得到最优调节参数 λ 的结果(见表 5-1)。

表 5-1 交叉验证确定最优调节参数 λ 的结果

样本阶段	ID	λ	非零系数的个数	样本外 R^2	CV 均值预测误差
全样本	1	0.0015200	0	0.0059	0.0000188
	37	0.0000534	10	0.1943	0.0000150
	38*	0.0000486*	10*	0.1943	0.0000150
	39	0.0000443	10	0.1943	0.0000150
	100	1.52×10^{-7}	10	0.1923	0.0000151
第一阶段	1	0.0016188	0	0.0047	0.0000177
	30	0.0001090	9	0.2006	0.0000141
	31*	0.0000993*	9*	0.2007	0.0000141
	32	0.0000905	9	0.2005	0.0000141
	100	1.62×10^{-7}	10	0.1888	0.0000143
第二阶段	1	0.0036754	0	0.0001	0.0000201
	26	0.0003591	2	0.6690	6.66×10^{-6}
	27*	0.0003272*	3*	0.6695	6.65×10^{-6}
	28	0.0002981	3	0.6675	6.69×10^{-6}
	100	3.68×10^{-7}	10	0.5182	9.69×10^{-6}

注：* 为交叉验证确定的最优选择参数。

由表 5-1 可知，全样本的最优调节参数在 ID=38 时取得，对应 λ 的取值为 0.0000486，表明模型能够纳入影响实体经济的 10 个因素。同理第一阶段、第二阶段 λ 的取值分别为 0.0000993(ID=31)和 0.0003272(ID=27)，说明模型能够分别引入 9 个和 3 个影响因素。

不同样本区间内最优调节参数的取值如图 5-1 所示，其中曲线快速下降并在达到与垂直线的交点后趋于平坦，而垂直线与曲线交点对应的 λ_{CV} 为交叉验证筛选出使 CV 均值预测误差最小的 λ 的取值。在确定纳入模型的变量数后，本章进一步依据系数路径(见图 5-2)，对各因素对实体经济的影响程度进行排序(见表 5-2)，并结合交叉验证的结果确定纳入模型的具体因素。

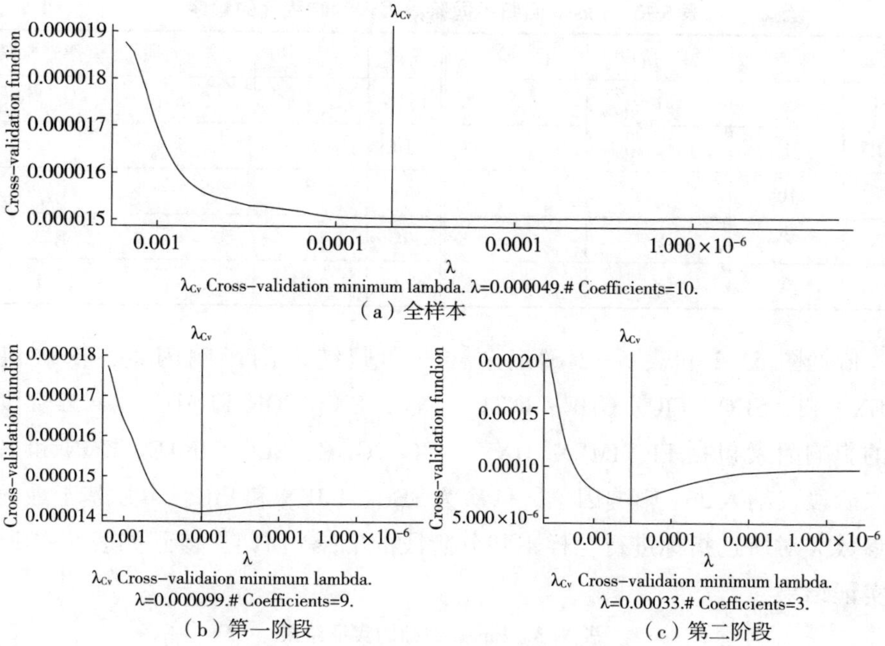

（a）全样本

（b）第一阶段　　（c）第二阶段

图 5-1　交叉验证的拟合结果

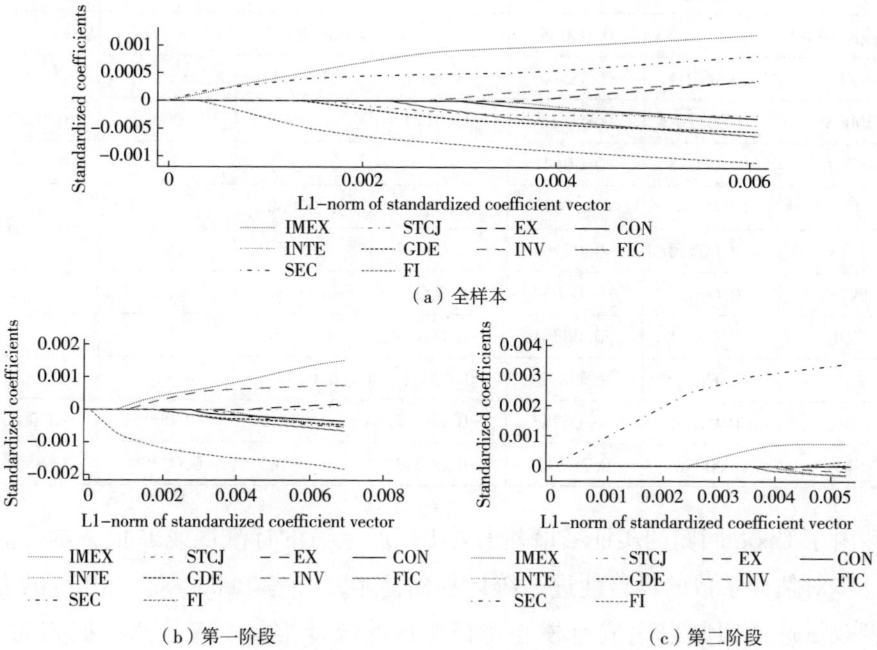

（a）全样本

（b）第一阶段　　（c）第二阶段

图 5-2　系数路径

表 5-2　Lasso 回归不同阶段因素影响程度的顺序

变量	总样本	第一阶段	第二阶段	变量	总样本	第一阶段	第二阶段
FI	2	1		INTE	6	7	
IMEX	1	2	2	GDE	5	5	
STCJ	10			INV	7	3	
EX	8	9		FIC	4	4	3
CON	9	8		SEC	3	6	1

依据图 5-2 和表 5-2 确定全样本回归纳入的影响因素，依次包括 IMEX、FI、SEC、FIC、GDE、INTE、INV、EX、CON 和 STCJ，第二阶段纳入的影响因素包括 FI、IMEX、INV、FIC、GDE、SEC、INTE、CON 和 EX，第二阶段仅纳入 3 个影响因素，依次为 SEC、IMEX 和 FIC。本章基于最优调节参数 λ 对所选指标进行全样本和分阶段的 Lasso 回归，得到如表 5-3 所示的实证结果。

表 5-3　Lasso 回归的实证结果

指标	总样本		第一阶段		第二阶段	
	标准化	未标准化	标准化	未标准化	标准化	未标准化
截距项		0. 00005		-0. 00012		
FI	-0. 00104	-0. 02442	-0. 00159	-0. 03614		
IMEX	0. 00116	0. 04132	0. 00114	0. 03845	0. 00058	0. 02322
STCJ	-0. 00025	-0. 00141				
EX	0. 00029	0. 02688	0. 00007	0. 00608		
CON	-0. 00026	-0. 00167	-0. 00024	-0. 00199		
INTE	-0. 00033	-0. 00057	-0. 00028	-0. 00046		
GDE	-0. 00051	-0. 00261	-0. 00035	-0. 00167		
INV	0. 00032	0. 00862	0. 00069	0. 02322		
FIC	-0. 00055	-0. 06283	-0. 00047	-0. 08272	-0. 00002	-0. 00126
SEC	0. 00076	0. 20292	-0. 00033	-0. 08483	0. 00300	0. 83214

由于 Lasso 回归的实证结果并未列出回归系数的标准误或 P 值，本章需要进一步对估计系数的显著性进行统计推断。本章参考 Belloni 等（2014）的方法进行双重选择回归以完成对核心解释变量的统计推断。双重选择回归的“双重”体现在分别利用被解释变量（RGDP）和关键变量（FI）对所有控制变量进行

Lasso 回归并完成变量的筛选，进一步取两次回归筛选出的变量的并集得到模型最终的控制变量。

本章分别将实体经济和金融化指标对所有控制变量进行 Lasso 回归得到如表 5-4 第 2 列和第 3 列所示的因素筛选结果，并将对应样本区间内选定的因素取并集得到第 4 列的结果。Belloni 等(2014)证实，双重选择回归具有良好的性质，并且估计结果不存在偏差。不同最优调节参数 λ 选择方法下双重选择回归的结果如表 5-5 所示。

表 5-4　控制变量的选择结果

样本阶段	RGDP 对控制变量回归	FI 对控制变量回归	模型中控制变量
全样本	IMEX STCJ SEC GDE FIC EX INV CON	STCJ INTE EX CON IMEX GDE	IMEX STCJ SEC GDE FIC EX INV CON INTE
第一阶段	IMEX STCJ INV FIC GDE EX SEC CON	STCJ INTE EX	IMEX STCJ INV FIC GDE EX SEC CON INTE
第二阶段	IMEX FIC SEC	STCJ CON IMEX	IMEX FIC SEC STCJ CON

表 5-5　双重选择回归的结果

样本阶段	λ 选择方法	FI	稳健标准差	z	P>|z|	95%置信区间
全样本	插件	-0.027	0.00682	-4.02	0.000	[-0.04078，-0.01404]
	交叉验证	-0.026	0.00687	-3.76	0.000	[-0.03925，-0.01233]
	自适应 Lasso	-0.026	0.00684	-3.76	0.000	[-0.03914，-0.01232]
第一阶段	插件	-0.036	0.01226	-2.95	0.003	[-0.06019，-0.01212]
	交叉验证	-0.041	0.01287	-3.22	0.001	[-0.06665，-0.01620]
	自适应 Lasso	-0.040	0.01250	-3.24	0.001	[-0.06496，-0.01597]
第二阶段	插件	0.007	0.01124	0.61	0.543	[-0.01520，0.02888]
	交叉验证	0.006	0.01133	0.51	0.609	[-0.01641，0.02799]
	自适应 Lasso	0.006	0.01131	0.53	0.596	[-0.01618，0.02816]

表 5-5 的结果表明，FI 对 RGDP 的影响在全样本和第一阶段表现为抑制作用占主导，而在第二阶段以促进作用为主导，但影响系数不显著，能够更好地解释表 5-3 第 6 列中 Lasso 回归结果中 FI 的系数被压缩至零的原因。为分析不同因素对实体经济增长的影响，本章进一步利用 RGDP 对 FI 和双重选择回归确定的控制变量回归，得到如表 5-6 所示的结果。

表 5-6 全样本与分阶段实证结果的比较

样本阶段	变量	系数	稳健标准差	t 值	P>|z|	95%置信区间
全样本	FI	-0.02579	0.00687	-3.76	0.000	[-0.03932, -0.01226]
	IMEX	0.04356	0.01160	3.75	0.000	[0.02069, 0.06642]
	STCJ	-0.00141	0.00174	-0.81	0.418	[-0.00484, 0.00202]
	SEC	0.22354	0.09671	2.31	0.022	[0.03296, 0.41411]
	GDE	-0.00279	0.00142	-1.97	0.050	[-0.00559, 2.79×10^{-6}]
	FIC	-0.07162	0.02610	-2.74	0.007	[-0.12305, -0.02019]
	EX	0.03560	0.02348	1.52	0.131	[-0.01067, 0.08187]
	INV	0.00997	0.01076	0.93	0.355	[-0.01123, 0.03116]
	CON	-0.00120	0.00135	-1.48	0.140	[-0.00465, 0.00066]
	INTE	-0.00074	0.00038	-1.98	0.049	[-0.00148, -2.12×10^{-6}]
	常数项	0.00006	0.00024	0.23	0.818	[-0.00043, 0.00054]
第一阶段	FI	-0.04143	0.01287	-3.22	0.002	[-0.06689, -0.01597]
	IMEX	0.05112	0.01656	3.09	0.002	[0.01836, 0.08388]
	STCJ	0.00091	0.00276	0.33	0.741	[-0.00454, 0.00637]
	INV	0.02539	0.00744	3.41	0.001	[0.01068, 0.04010]
	FIC	-0.11112	0.04391	-2.53	0.013	[-0.19797, -0.02428]
	GDE	-0.00218	0.00159	-1.38	0.170	[-0.00532, 0.00095]
	EX	0.01674	0.03525	0.48	0.636	[-0.05298, 0.08646]
	SEC	-0.13356	0.10536	-1.27	0.207	[-0.34196, 0.07483]
	CON	-0.00274	0.00221	-1.24	0.218	[-0.00712, 0.00164]
	INTE	-0.00088	0.00050	-1.78	0.077	[-0.00186, 0.00010]
	常数项	-0.00010	0.00031	-0.33	0.743	[-0.00071, 0.00051]
第二阶段	FI	0.00579	0.01133	0.51	0.611	[-0.01674, 0.02831]
	IMEX	0.03105	0.01289	2.41	0.018	[0.00541, 0.05670]
	FIC	-0.02820	0.02060	-1.37	0.175	[-0.06916, 0.01277]
	SEC	0.88893	0.08313	10.69	0.000	[0.72359, 1.05427]
	STCJ	-0.00063	0.00279	-0.23	0.822	[-0.00617, 0.00491]
	CON	-0.00015	0.00126	-0.12	0.907	[-0.00265, 0.00236]
	常数项	0.00038	0.00026	1.47	0.145	[-0.00014, 0.00090]

表 5-6 的实证结果表明：进出口金额(IMEX)对实体经济的影响为正，从进口的角度来看，高精尖中间产品或者生产资料的进口主要用于实体部门的生

产活动，为企业扩大生产提供了有利条件；从出口的角度来看，金融开放将进一步拓宽国际市场范围和提高外商投资水平，并通过提升贸易水平促进实体经济增长。股票成交金额(STCJ)的影响在全样本和第二阶段为负，说明经济主体较多参与股票市场的活动，在一定程度挤占了用于生产的投资，最终拖累了实体经济的高质量发展；而在第一阶段，STCJ 对实体经济的影响为负，说明经济主体可通过参加股市投资增加投资收益用于生产投资。汇率(EX)提升通过降低消费者对国外商品的需求而购买本国商品的方式提升内需对经济的拉动作用，同时本币贬值有利于通过扩大出口拉动实体经济增长。社会消费品零售总额(CON)主要统计实物商品和包含餐饮的部分服务消费，而除餐饮外的服务消费作为居民消费的主要部分并未纳入，以致于该指标难以准确反映消费的变化。消费市场同样进入低速增长的新常态，居民需求由传统产品转向高端、高质量的产品，需求疲软将增加行业竞争的压力，最终表现为规模不经济和利润挤压等不利于实体经济增长的问题。银行间同业拆借利率(INTE)的提高伴随资产价格下降，能够吸引更多资金从资本市场流向信贷市场，最终导致实体部门因支付高额利息而加重自身的融资负担。政府部门债券发行量(GDE)和公共财政支出(FIC)的作用均为负。政府的财政支出增加需要通过借贷或提高税收来筹集资金，可能会抑制私人部门的盈利能力和投资意愿，进而导致私人投资减少。与此同时，由于持续的财政支出增加可能导致债务水平上升，政府部门通过发行债券的方式获得融资以弥补财政支出。债券发行量增加会占用社会资金，不利于实体部门进行融资；固定资产投资完成额(INV)与实体经济增长间存在的关系与预期一致，投资增加有利于实体企业进行扩大再生产，进而带动实体经济快速增长。第二产业产值占 GDP 的比重(SEC)在两个阶段的影响存在差异：第一阶段 SEC 的影响为负，工业、制造业利润低下的问题阻碍实体经济增长；第二阶段 SEC 的影响为正，在供给侧结构性改革实施后，淘汰落后企业使第二产业的产值得到明显提升，同时“降成本”使实体部门的利润水平不断提升，最终实体经济的发展逐步走出低迷。

在控制上述影响因素后，实证结果表明，金融化指标在两个样本区间对实体经济增长的影响存在差异。第一阶段的回归结果表明金融化对实体经济增长表现出抑制作用。由于投资实体企业获利较少且周期长，投资者倾向将资金投向周期短、利润高和资金回流快的房地产业和金融行业，造成金融市场发展迅速，而实体经济增长缓慢。第二阶段的回归结果表明，金融化对实体经济增长发挥促进作用，但影响不显著。由于金融资产在完善的金融市场内可以发挥自身快速变现和低成本的优势，因此企业利用正常生产经营以外的剩余资金进行短期投资以获得投资收入，并在资金短缺时通过抛售持有的金融产品弥补资金需求。两个阶段的回归结果说明，政府出台的一系列配套政策，以及实施的供给侧结构性改革为金融精准服务实体经济发展提供了支撑。

全样本区间的估计结果显示，金融化对实体经济增长发挥抑制作用，表明简单汇总估计结果会掩盖变量关系的阶段特征，并且忽视外生冲击和政策干预在不同阶段的影响，最终导致估计变量间真实的内在关系被掩盖。本章进一步分析抑制作用占主导的原因，一方面，受生产周期的限制，实体部门较长的资本周转时间会降低投资资金的流动性，对逐利的投资者缺乏吸引力；另一方面，投向研发和创新的资金难以在短时间内获得收益，实体部门缺少追加投资的激励。虽然金融化在第二阶段对经济增长表现出促进作用，但由于第二阶段的时间较短，政府要利用金融化短期的促进效果扭转整体的阻碍态势则进一步完善金融市场监管体系和扩大金融开放。可见，金融化对实体经济增长的促进和抑制作用并存。适度的金融化能够促进实体经济增长，而当金融化不足或过度时，均不利于实体经济的良好运行。

四、稳健性检验

最小角回归(Least Angle Regression，LARS)算法由 Efron 等(2004)提出并被广泛用于解决 Lasso 模型的估计问题，该方法不仅能够在保留前向选择(Forward Selection)和前向梯度(Forward Stagewise)算法精确性的基础上进一步简化迭代过程，而且能够提高模型的估计效率、降低计算的复杂度以得到性质良好的估计结果。在设定模型形式前，本章通过从 k 个自变量中选取 p 个自变量参与回归得到残差平方和(RSS)，并计算 C_p 统计量①以确定模型估计最合理的步长。C_p 统计量用于衡量变量间多重共线性的程度，取值越小则共线程度越低，说明模型的设定形式越准确。具体步长 s 的筛选结果如表 5-7 所示。

---

① $C_p=\frac{RSS}{S^2}-n+2p$，其中 S^2 为方差。

表 5-7 步长 s 筛选的结果

步长 s	自由度	全样本		第一阶段		第二阶段	
		RSS	C_p	RSS	C_p	RSS	C_p
0	1	0.00437	83.332	0.00254	56.717	0.00181	185.1795
1	2	0.00434	83.471	0.00215	27.925	0.00074	24.9639
2	3	0.00417	73.183	0.00208	25.002	0.00058	2.8338
3	4	0.00365	37.997	0.00195	16.324	0.00057	3.5274
4	5	0.00359	35.214	0.00195	18.220	0.00055	2.3260
5	6	0.00340	23.278	0.00191	17.225	0.00054	3.8442
6	7	0.00331	18.872	0.00189	17.841	0.00053	4.4122
7	8	0.00327	18.329	0.00179	12.151	0.00052	5.0544
8	9	0.00321	16.176	0.00179	13.348	0.00052	7.0428
9	10	0.00320	17.296	0.00170	9.284	0.00052	9.0043
10	11	0.00309	11.000	0.00170	11.000	0.00052	11.0000

由表 5-7 的结果可知，总样本、第一阶段和第二阶段的步长分别为 11、10 和 5，均对应 C_p 统计量取值最小的结果。尽管在模型中添加解释变量会降低模型拟合的残差，但同时可能会因引入冗余变量而造成模型“过度拟合”的问题。所以，为保证模型设定的合理性，本章依据 C_p 统计量确定纳入模型中解释变量的最优个数，并进一步依据图 5-3 中垂直线的标号（对应 step 值）对 C_p 统计量确定步长的结果进行验证。

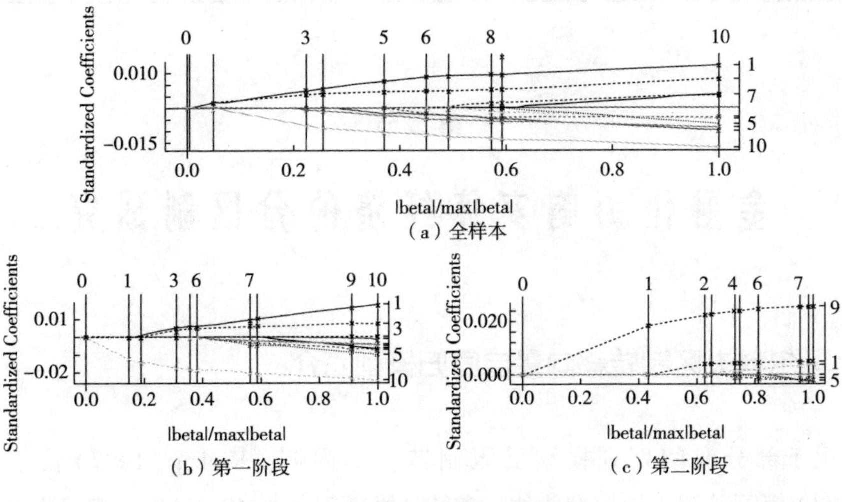

图 5-3 Lasso 筛选变量动态过程（LAR）

图 5-3 的结果表明，Lasso 回归的系数随参数变化而变化，并且对 $|\beta_j|$ 施加的约束越强，垂直于横轴的线越靠左。曲线则反映出变量的动态筛选过程，其与直线交点对应的横坐标的值为各个估计参数的值。随着施加的约束不断增强，部分对被解释变量影响较小的变量系数将被压缩为 0，并不会被纳入模型分析。

依据图 5-3 对比各影响因素发现，其中第一阶段的步长为 10，各因素的影响程度由强到弱为 FI、IMEX、INV、GDE、FIC、CON、INT、SEC 和 STCJ，EX 的影响被压缩至 0；第二阶段中的步长为 5，各因素的影响程度由强到弱为 SEC、IMEX、FI 和 FIC，其余变量的影响系数同样被压缩至零。其中，被剔除的变量对实体经济仍具有影响，但是影响程度在受到强约束时同其他变量相比较小，并不适合纳入回归模型。如表 5-8 所示的总样本和分阶段的估计结果与交叉验证的结果一致，表明 Lasso 回归结果具有较强的稳健性。

表 5-8　最小角回归的实证结果

变量	总样本	第一阶段	第二阶段	变量	总样本	第一阶段	第二阶段
FI	-0.02579	-0.04142	0.00630	INT	-0.00074	-0.00120	
IMEX	0.04356	0.04550	0.02389	GDE	-0.00279	-0.00146	
STCJ	-0.00141	-0.00032		INV	0.00997	0.02002	
EX	0.03560			FIC	-0.07162	-0.09208	-0.01057
CON	-0.00200	-0.00285		SEC	0.22354	-0.11006	0.87394

第二节

金融化影响实体经济的分区制研究

一、马尔科夫区制转移向量自回归模型简介

由于部分时间序列模型受区制转移的限制，Krolzig（1997）较早提出 MS-VAR模型并解决该模型的估计和统计推断问题。MS-VAR 模型可视为基本

有限阶 VAR(p)模型的一般化形式，考虑如下 k 维由时间序列变量构成向量：

$$y_t = v + A_1 y_{t-1} + \cdots + A_p y_{t-p} + u_t, \; t = 1, 2, \cdots, T \tag{5-3}$$

式中：$u_t \sim IID(0, \sum)$；$A(L) = I_k - A_1 L - \cdots - A_p L_p$ 为 k×k 维滞后多项式。当 $u_t \sim NID(0, \sum)$时，式(5-3)为稳态高斯 VAR(p)模型的截距形式，对应均值调整形式：

$$y_t - \mu = A_1(y_{t-1} - \mu) + \cdots + A_p(y_{t-p} - \mu) + u_t \tag{5-4}$$

式中：$\mu = (I_k - \sum_{j=1}^{p} A_j)^{-1} v$ 为 y_t 的均值。

MS-VAR 模型适用可观测时间序列向量 y_t 受不同状态 s_t 支配的情形，其中 y_t 的潜在数据生成过程的参数依赖于不可观测的区制变量 s_t，该模型的特殊性在于假设 $s_t \in \{1, 2, \cdots, M\}$ 服从一个离散时间和状态的马尔科夫随机过程，并可利用转移概率进行定义：

$$P_{ij} = Pr(s_{t+1} = j \mid s_t = i), \; \sum_{j=1}^{M} P_{ij} = 1 \quad \forall i, j \in \{1, 2, \cdots, M\} \tag{5-5}$$

马尔科夫转移模型假设 s_t，服从一个不可约的、遍历的 M 区制马尔科夫过程，其转移矩阵：

$$P = \begin{bmatrix} P_{11} & P_{12} & \cdots & P_{1M} \\ P_{21} & P_{22} & \cdots & P_{2M} \\ \vdots & \vdots & \ddots & \vdots \\ P_{M1} & P_{M2} & \cdots & P_{MM} \end{bmatrix} \tag{5-6}$$

式中：$P_{1M} = 1 - P_{i1} - \cdots - P_{i,M-1}$，$i = 1, 2, \cdots, M$。

假设滞后阶数为 p、区制数为 M 的均值调整 MS-VAR 模型的形式如下：

$$y_t - \mu(s_t) = A_1(s_t)(y_{t-1} - \mu(s_t)) + \cdots + A_p(s_t)(y_{t-p} - \mu(s_t)) + u_t \tag{5-7}$$

式中：$u_t \sim NID(0, \sum(s_t))$，$\mu(s_t)$，$A_1(s_t)$，$\cdots$，$A_p(s_t)$，$\sum(s_t)$分别为用于描述参数 μ，A_1，$\cdots$，A_p 和 $\sum$ 对于已实现区制 s_t 且状态依赖的变参数函数：

$$\mu(s_t) = \begin{cases} \mu_1 & s_t = 1 \\ \vdots & \vdots \\ \mu_M & s_t = M \end{cases} \tag{5-8}$$

在式(5-8)刻画的均值过程中，如果区制发生一个当即的一次性跳跃，那么模型会同时变化。在特定情况下，模型发生区制转移时应假设均值平滑到新水平，适用于应用截距项区制依赖的模型：

$$y_t = v(s_t) + A_1(s_t)y_{t-1} + \cdots + A_p(s_t)y_{t-p} + u_t \tag{5-9}$$

不同于线性 VAR 模型，MS-VAR 模型的一般形式中的自回归参数：$v(m)$，$\sum_m, A_{1m}, \cdots, A_{jm}$，$m=1,2,\cdots,M$，均表现为状态依赖，例如：

$$y_t = \begin{cases} v_1 + A_{11}y_{t-1} + \cdots + A_{p1}y_{t-p} + \sum_1^{1/2} u_t, & s_t = 1 \\ \vdots & \\ v_M + A_{1M}y_{t-1} + \cdots + A_{pM}y_{t-p} + \sum_M^{1/2} u_t, & s_M = M \end{cases} \tag{5-10}$$

在实证研究中，模型中的参数是否存在区制依赖由研究目的决定。由于 MS-VAR 的均值或截距项可能是状态依赖的且误差项可能是同方差或异方差，本章在引入区制转移过程中根据参数是否表现为状态依赖对 MS-VAR 模型的设定形式进行总结，如表 5-9 所示。

表 5-9　MS-VAR 模型的设定形式

截距	方差	MSM		MSI	
		μ 可变	μ 不变	μ 可变	μ 不变
A_j 不变	$\sum$ 不变	MSM-VAR	线性 MVAR	MSI-VAR	线性 VAR
	$\sum$ 可变	MSMH-VAR	MSH-MVAR	MSIH-VAR	MSH-VAR
A_j 可变	$\sum$ 不变	MSMA-VAR	MSA-MVAR	MSIA-VAR	MSA-VAR
	$\sum$ 可变	MSMAH-VAR	MSAH-MVAR	MSIAH-VAR	MSAH-VAR

注：M、I、A 和 H 分别为马尔科夫转移均值、截距项、自回归系数和误差项异方差。

资料来源：Krolzig，H-M. Markov-switching Vector Autoregressions：Modelling，Statistical Inference and Application to Business Cycle Analysis [M]. Berlin：Springer，1997.

二、研究设计

本章参考 MS-VAR 模型的早期应用方法（Krolzig，1998）分析金融化与实体经济的区制关联性，并通过 Give Win 软件实现模型的极大似然估计。

(一)平稳性检验与滞后阶数确定

本章构建包含 FI、FIC、IMEX、SEC 和 RGDP 五变量的 MS-VAR 模型，并在模型估计前检验各变量的平稳性和确定 VAR 模型的滞后阶数。

如表 5-10 所示的检验结果显示各变量均具有平稳性，进一步结合如表 5-11 所示的不同信息准则的结果可确定 VAR 模型的最优滞后阶数为 2，适宜构建 VAR(2)模型。

表 5-10　变量平稳性检验结果

变量	t 统计量	P 值	结果
FI	-5. 6505	0. 0000	平稳
FIC	-14. 1373	0. 0000	平稳
IMEX	-5. 3356	0. 0000	平稳
SEC	-5. 6783	0. 0000	平稳
RGDP	-4. 8628	0. 0001	平稳

注：ADF 检验 1%、5%和 10%水平的临界值依次为-3. 458347、-2. 873755 和-2. 573355。

表 5-11　金融化影响实体经济分区制研究 VAR 模型滞后阶数的选择结果

Lag	LogL	LR	FPE	AIC	SC	HQIC
0	3528. 055	NA	1.50×10^{-20}	-31. 45585	-31. 37970	-31. 42511
1	4048. 837	1013. 665	1.80×10^{-22}	-35. 88248	-35. 42556	-35. 69804
2	4126. 054	146. 8495	1.13×10^{-22} *	-36. 34870 *	-35. 51101 *	-36. 01057 *
3	4144. 634	34. 50554	1.19×10^{-22}	-36. 29137	-35. 07293	-35. 79955
4	4161. 687	30. 90956	1.28×10^{-22}	-36. 22042	-34. 62121	-35. 57490
5	4197. 332	63. 01408 *	1.17×10^{-22}	-36. 31546	-34. 33549	-35. 51625
6	4209. 405	20. 80461	1.32×10^{-22}	-36. 20004	-33. 83931	-35. 24713
7	4222. 297	21. 64118	1.48×10^{-22}	-36. 09194	-33. 35044	-34. 98534
8	4230. 313	13. 09753	1.73×10^{-22}	-35. 94030	-32. 81803	-34. 68000

注：* 为依据信息准则确定的滞后阶数；NA 为缺失值。

(二)MS-VAR 模型的实证估计

对如表 5-9 所示的线性和非线性 VAR 模型进行估计，并通过比较信息准则最终筛选出 MSIH(3)-VAR(2)模型进行实证分析，模型的选择结果如表 5-12 所示。

表 5-12　MS-VAR 模型的选择结果

模型	对数似然值	AIC	HQIC	SC
MSM(3)-VAR(2)	4098.315	-34.5889	-34.0736	-33.3112
MSMH(3)-VAR(2)	4257.951	35.7065	35.0115	33.9831
MSI(3)-VAR(2)	4235.373	-35.7705	-35.2552	-34.4928
MSIH(3)-VAR(2)	4459.950	-37.4478	-36.7528	-35.7245
MSH(3)-VAR(2)	4448.349	-37.4340	-36.7989	-35.8592
MSA(3)-VAR(2)	4400.778	-36.4205	-35.3660	-33.8057

根据表 5-13 的结果，对比估计结果中三区制对应常数项的标准差，确定区制 2、区制 1 和区制 3 分别对应低水平、适度水平和高水平金融化状态。实体经济滞后一期(RGDP_1)对当期影响的系数为 0.7236，同样表明实体经济增长具有惯性。FI_1 的系数显著为负(-0.0131)，说明滞后一期金融化水平的提升会抑制当期实体经济的增长；而 FI_2 对当期实体经济的影响为正(系数为 0.0030)但结果不显著。随着滞后期延长，金融市场能够对资源进行合理配置，并且实体部门可充分利用资源进行生产经营，使资金的利用效率和实体经济的增长水平同时得到提高。可见，金融化对实体经济的短期抑制作用随着滞后期延长逐步转变为促进作用，表明二者的关系具有非对称性。

表 5-13　MSIH(3)-VAR(2)模型的估计结果

	变量	RGDP	标准差	t 值	变量	RGDP	标准差	t 值
估计结果	RGDP_1	0.7236***	0.0609	11.8829	RGDP_2	0.0643	0.0610	1.0542
	FI_1	-0.0131**	0.0058	-2.2464	FI_2	0.0030	0.0058	0.5103
	IMEX_1	-0.0041	0.0072	-0.5665	IMEX_2	-0.0091	0.0074	-1.2305
	FIC_1	-0.0145	0.0192	-0.7595	FIC_2	-0.0207	0.0199	-1.0428
	SEC_1	0.1803	0.1350	1.3360	SEC_2	-0.0556	0.1369	-0.4057
区制特征	区制 1	标准差	0.0026		常数项	-0.0014***	0.0005	-2.5969
	区制 2		0.0022			0.0002	0.0002	0.8774
	区制 3		0.0027			0.0009	0.0005	1.5628

三、实证分析

(一)分区制的特征分析

基于如表 5-14 所示的变量间同期相关系数分析不同区制内金融化(FI)与实体经济(RGDP)间的相关程度，其中，区制 1 和区制 2 内 FI 与 RGDP 间的相关系数分别为 0.6506 和 0.1001，即金融化和实体经济间存在正相关关系，此时金融化水平的适度提高对经济增长能够发挥促进作用；区制 3 内 FI 与 RGDP 的相关系数为-0.1677，说明高水平金融化对实体经济增长的抑制作用明显增强。

表 5-14　分区制变量相关系数

区制	变量	RGDP	IMEX	FIC	SEC	FI
区制 1	RGDP	1.0000	0.1312	-0.3204	0.4228	0.6506
	IMEX	0.1312	1.0000	0.0429	0.1611	0.0705
	FIC	-0.3204	0.0429	1.0000	0.0513	-0.0120
	SEC	0.4228	0.1611	0.0513	1.0000	0.4916
	FI	0.6506	0.0705	-0.0120	0.4916	1.0000
区制 2	RGDP	1.0000	0.3015	-0.0336	0.0925	0.1001
	IMEX	0.3015	1.0000	0.1509	-0.0940	0.3721
	FIC	-0.0336	0.1509	1.0000	0.0797	-0.0490
	SEC	0.0925	-0.0940	0.0797	1.0000	-0.1764
	FI	0.1001	0.3721	-0.0490	-0.1764	1.0000
区制 3	RGDP	1.0000	0.3134	-0.5276	-0.2979	-0.1677
	IMEX	0.3134	1.0000	-0.3154	0.3041	-0.1095
	FIC	-0.5276	-0.3154	1.0000	-0.1144	0.0713
	SEC	-0.2979	0.3041	-0.1144	1.0000	0.0882
	FI	-0.1677	-0.1095	0.0713	0.0882	1.0000

估计 MSIH(3)-VAR(2)模型得到不同区制的性质(见表 5-15)，在区制 1，金融化水平维持本区制状态的概率为 0.5047，平均持续期为 2.02 个月，向区制 2和区制 3 转移的概率分别为 0.4866 和 0.0087，说明适度的金融化有利

于实体经济增长，并且可避免出现低水平支持动力不足和高水平投资挤占的问题。在区制 2 内，金融化水平位于本区制的概率为 0. 8836，平均持续期为 8. 59 个月，向区制 1 和区制 3 转移的概率分别为 0. 0800 和 0. 0365。相较之下，位于低金融化水平状态的概率最高且持续时间最长，说明该区制内经济发展具有稳定性。在区制 3 内，金融化水平位于本区制的概率为 0. 7936，平均持续期为 4. 84 个月，向区制 1 和区制 2 转移的概率分别为 0. 0632 和 0. 1433，处在当前状态的概率最低且向区制 2 转移的概率较大，说明当金融化水平较高时，经济容易受外部因素影响和政策干预向区制 2 发生转移。可见，金融化水平在区制内的持续概率和区制间的转移概率具有非对称性，即表现为位于本区制的概率较大，而向其他区制转移的概率较小，说明经济运行具有一定的平滑性且出现急剧转向的可能性极小。

表 5-15　区制性质

区制	区制 1	区制 2	区制 3	观测值	处于本区制的概率	持续期(月)
区制 1	0. 5047	0. 4866	0. 0087	31. 4	0. 1351	2. 02
区制 2	0. 0800	0. 8836	0. 0365	167. 7	0. 7303	8. 59
区制 3	0. 0632	0. 1433	0. 7936	32. 9	0. 1347	4. 84

图 5-4 为 MSIH(3)-VAR(2)模型的分区制平滑概率(详细区制设定结果见附表 2)，可见不同区制滤波、预测和平滑概率的结果表明，该模型具有较好的区制稳定性，并且金融化水平较大部分位于区制 2 内，得到与区制性质一致的结果。改革开放初期，我国尚未形成完整的金融组织体系，从 1977 年开始整顿银行体系。随着金融体系的日益完善，2003 年形成“一行三会”(中国人民银行、中国银行业监督管理委员会、中国证券监督管理委员会、中国保险监督管理委员会)的金融监管格局，有利于金融化达到较高的发展水平。2006 年，我国货币、股票和债券市场发展活跃、交易规模增加，金融子市场的发展势头明显，使金融化维持在较高水平。2008 年，金融市场受全球金融危机的冲击，金融化水平急剧下降。2011 年，金融化水平虽有短期提高，但金融市场受全球金融危机影响的程度较深仍需较长的时间恢复。2012 年后，金融化水平持续处于低位，虽然也出现高水平阶段，但持续时间较短，并在短暂过渡到适度水平后维持在低水平的状态。

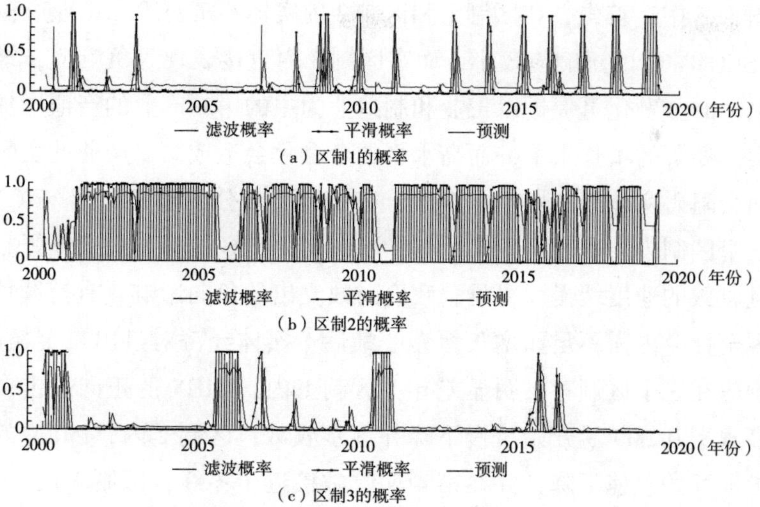

图 5-4　金融化影响实体经济的分区制平滑概率

（二）脉冲响应结果分析

脉冲响应结果既可反映变量间的动态互动关系，也可用于详细分析不同区制实体经济在受到各影响因素一个单位正交冲击后的动态响应结果。结合如图 5-5 所示的结果分析发现，各个因素的影响在区制间存在差异。

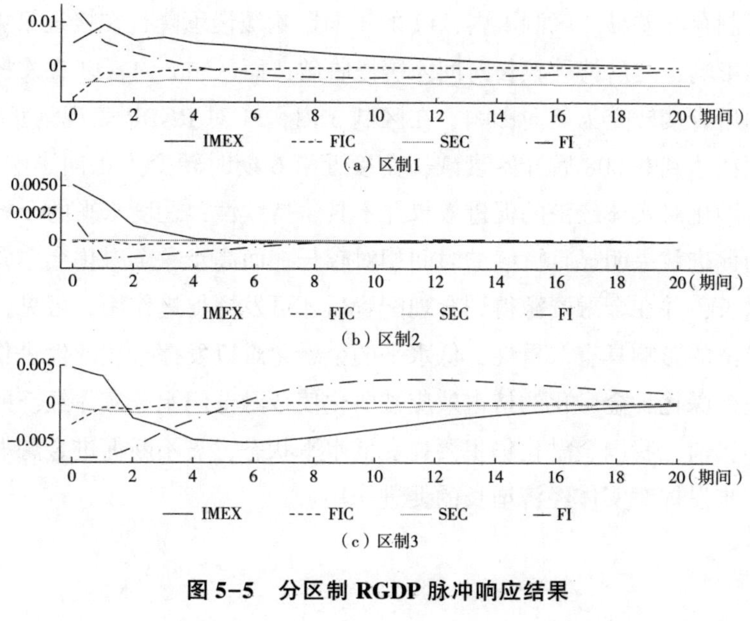

图 5-5　分区制 RGDP 脉冲响应结果

在图5-5中，首先，在区制1和区制2内实体经济对第二产业产值占GDP的比重(SEC)冲击的正响应较小，而在区制3内直接表现为负响应，即低水平和适度水平的金融化可促进以工业和制造业为主的第二产业的产值增加，有利于提高实体经济的增长水平，而高水平的金融化会造成第二产业的实际生产受损，反而会阻碍实体经济增长。其次，实体经济对公共财政支出(FIC)冲击的响应在三个区制内均表现出负向，其中区制1内FIC的抑制程度最强、持续的时间长且收敛的速度缓慢。可见，政府财政支出的负向影响具有持续性，使实体经济因全社会内需不足而增长缓慢。最后，实体经济对进出口金额(IMEX)冲击的响应在三个区制存在明显差异：区制1内，IMEX的正向冲击在第1期达到最高水平0.009后开始缓慢下降并逐步收敛；区制2内，IMEX的正向冲击自第1期开始急速下降，并在第4期收敛接近于零线；区制3内，IMEX的正向冲击在接近第2期时转变为负向，并且该抑制影响在第6期达到最值后开始缓慢衰减。可见，国际市场对某一国商品和货物的需求增加会拉动该国经济增长，并且该正向影响在低和适度水平的金融化区制内具有持续性，而在高水平的金融化区制内随着滞后期的延长发生转变。

为分析金融化与实体经济的区制关联性，需重视FI冲击对RGDP影响存在的区制差异。在区制1(金融化适度水平)和区制2(金融化低水平)内，金融化对实体经济的影响均由正向转变为负向并逐步收敛，但是促进作用的持续时间在两区制存在差异。区制1内，FI的正向影响缓慢下降，在接近第4期时转变为抑制影响，之后持续较长时间才缓慢收敛；而区制2内，FI在发挥短暂的正向影响后直接转变为负向影响。在区制3内，FI对RGDP表现为负向影响，抑制程度在达到0.008后开始衰减，在接近第6期时转变为正向影响。可见，低水平金融化对实体经济的促进效果并不具备持续性；适度水平的金融化对实体经济的促进效果明显且持续的时间相对较长；而高水平金融化会率先阻碍实体经济增长，并在金融资源得到合理配置后才可发挥促进作用。可见，金融化对实体经济的影响具有双重性，低水平的金融化难以发挥持续的促进作用。随着金融发展深化，金融化的挤占效应被弱化使金融部门服务实体经济的能力得到提升。目前，我国金融化仍主要处在低水平状态，需不断促进金融发展和开放以进一步发挥对实体经济增长的促进作用。

本章小结

本章通过将全样本划分为不同阶段和区制以研究金融化对实体经济的影响差异。本章第一节确定能够对实体经济产生影响的因素，并利用交叉验证确定最优调节参数 λ 用于筛选纳入模型的变量和得到 Lasso 回归的估计结果。进一步利用最小角回归算法对各因素影响实体经济的程度进行排序，并依据最优步长完成对各因素的筛选，最终对交叉验证的估计结果进行稳健性检验。对比全样本和以 2012 年为节点的分阶段实证结果发现，金融化对实体经济增长的抑制影响在 2012 年转变为促进影响。可见，政府出台的一系列政策，以及实施的供给侧结构性改革为金融精准服务实体经济发展提供了支撑。

本章第二节利用 MS-VAR 模型分析金融化与实体经济的区制关联性。首先，依据 Lasso 回归筛选出的平稳变量构建 MSIH(3)-VAR(2)模型进行实证分析发现，实体经济的增长具有惯性，并且金融化对实体经济的影响由滞后一期负向转变为滞后两期的正向，二者间呈现非对称的关系。其次，进一步分析区制性质发现，一方面，金融化水平维持本区制状态的概率较大，而向其他区制转移的概率较小，说明经济运行具有稳定性和平滑性；另一方面，金融化处于低水平区制的概率最高、持续时间最长，说明我国的金融化整体处在低水平状态。最后，脉冲响应结果表明低水平和适度水平的金融化对实体经济的影响均由正向转变为负向并逐步收敛，但适度水平金融化的促进效应持续的时间相对较长，而高水平金融化的抑制影响大约持续 6 期才转变为正向影响。目前，我国政府已经采取措施推进金融改革开放以增强金融业对实体部门的支持力度，但是在助推金融业发展的同时应防止高水平金融化起到反向作用。

第六章

金融化影响实体经济的区域差异研究：基于中观视角

CHAPTER 6

《中国区域金融运行报告(2024)》指出，2023年区域间经济增速差距收窄，区域经济发展更加协调。金融业支持实体经济有力，对先进制造业服务力度持续加大，普惠金融、绿色金融快速发展。可见，地方发展围绕金融更高水平开放进行改革试点，推动了区域金融改革创新和经济协调发展。本章分别从东部、中部、西部和省际层面分析金融化影响实体经济的区域差异，一方面，在确定门槛变量和门槛值的基础上分析金融化影响实体经济的门槛效应；另一方面，在梳理已有研究确定空间权重方法的基础上筛选出最优权重并利用空间自相关(SAC)模型分析金融化影响实体经济的直接、间接和总效应。

第一节

金融化影响实体经济的门槛效应分析

随着金融业改革开放的推进，大量国外企业和金融机构进入国内市场进行投资，并带动各地区金融业的发展。国外金融资源的融入必然会与国内金融资源展开竞争，有利于推动金融业的改革和创新，并通过金融化对实体经济产生促进或抑制影响。

一、研究设计

(一)门槛变量的选取

改革开放初期，东部地区通过发挥自身优势率先吸引外资发展，使我国经济发展水平的区域间差距不断扩大。近年来，西部地区开始实施激励政策，并通过放宽项目设立条件、增加市场开放度和加大配套资金支持等措施为外商投资提供便利。为提高金融业的发展质量，政府不仅推进金融基础设施的建设，更在实行低税收政策的同时鼓励外商投资企业通过设立投资性公司开展投资计划。随着投资环境不断优化，外商企业投资的规模不断扩大，既有可能强化金融化对实体经济增长的促进作用，也有可能因存在挤占效应而弱化金融化对实体经济增长的积极影响。因此，本章选取外商企业投资规模作为门槛变量，以分析不同外商企业投资水平下金融化对实体经济的影响在区域间存在的差异（张林等，2014）。

（二）门槛模型的构建

本章参考 Hansen（1999）的方法首先检验门槛效应和筛选门槛值，并分析由门槛值划分的不同区间内金融化对实体经济的影响差异，以双门槛为例构建如下面板门槛模型：

$$RGDP_{it}=\beta_0+\beta_1 TH_{it}+\beta_2 LAB_{it}+\beta_3 FINV_{it}+\beta_4 FICG+\beta_5 URB+\theta_1 FINA_{it}\cdot I(FINV\leqslant q_1)+\theta_2 FINA_{it}\cdot I(q_1<FINV<q_2)+\theta_3 FINA_{it}\cdot I(FINV\geqslant q_2)+\mu_i+\varepsilon_{it} \tag{6-1}$$

式中：θ 为待估参数，FINA 代表金融化水平外商企业投资（FINV）为门槛变量；$I(\cdot)$ 为示性函数；q_1 和 q_2 为选取的门槛值（$q_1<q_2$）；μ_i 为用于反映个体固定效应；ε_{it} 为随机扰动项。

（三）主要变量定义及说明

1. 实体经济（RGDP）

在梳理已有研究的基础上，本章计算剔除金融业和房地产业产值的 GDP 年度数据用于衡量各地区的实体经济水平。由于所获取的为名义数据，本章在实证分析前利用 GDP 指数对实体经济指标进行消胀处理。

2. 金融化（FINA）

随着我国金融市场的发展日益成熟，金融资产日益积累导致金融化程度有上升的趋势并对实体经济增长产生影响。关于金融化的测度，部分学者参考测算金融相关率的方法，通过计算地区金融资产的价值总额占本地区经济活动总量的比重（李林等，2011；张亦春和王国强，2015；尹福禄和申博，2018）表示。由于受金融资产原始数据统计的限制，部分研究选取金融机构的存贷款总和（李强和徐康宁，2013）、银行信贷（徐浩等，2015）进行近似替代。但是，已有研究衡量金融化选取的指标过于单一，并且只关注以银行为主的信贷市场而忽视股票、债券和保险等其他金融市场的经济活动。为弥补上述缺陷，本章计算金融业产值在GDP中所占的比重用于衡量不同区域的金融化水平(张林等,2014；张成思和张步昙,2015；金发奇和文茜,2016；姜松等,2017；张虎和韩爱华,2017)。

3. 外商企业投资(FINV)

参考张林等(2014)的方法选取外商企业投资作为门槛变量，用于分析不同外商企业投资水平下金融化对实体经济的影响。外商企业投资指标通过计算外商投资企业的投资总额占当地GDP的比重得到，其中以美元计价的统计数据利用当年最后一天外汇中间价进行换算(张清正，2014)。

4. 控制变量

考虑除金融化外实体经济增长还受其他因素的影响，本章参考学术界相关研究并在模型中纳入以下控制变量：产业结构(TH)，由各省第三产业的增加值占当地GDP的比重衡量；人力资本(LAB)，由高等学校毕业生数(包括本科和专科)占当地常住人口的比重反映；政府部门的最终消费支出(FICG)可反映政府为公众提供的货物和服务的价值，通过计算省级政府最终消费支出占当地GDP的比重得到；城镇化水平(URB)，由各省(市)总人口中常驻城镇人口所占的比重反映(刘华军等,2014；张林,2016；徐云松和齐兰,2017；周慧等,2017)。本章选取我国不包括港、澳、台在内的31个省份的面板数据，且所有变量的原始数据均来自Wind数据库，具体的描述性统计结果如表6-1所示。

表6-1 变量描述性统计

变量	样本量	均值	标准差	最小值	中位数	最大值
RGDP	434	3.776	0.530	2.217	3.885	4.747
FINA	434	0.052	0.029	0.006	0.047	0.174
TH	434	0.434	0.091	0.283	0.409	0.806
LAB	434	0.004	0.002	0.001	0.004	0.009
FINV	434	0.408	0.517	0.038	0.211	5.481
FICG	434	3.148	0.408	1.837	3.205	4.046
URB	434	0.508	0.153	0.000	0.493	0.896

数据来源：Wind数据库。

二、门槛效应检验与门槛值确定

参考 Hansen(1999)的方法，第一步在全样本内粗略搜索 q_1，得到结果后继续搜索 q_2；第二步固定 q_2 重新搜索 q_1，并更新初始确定的 q_1；第三步利用 Bootstrap 对全样本进行抽样，重复上述搜索过程以提高筛选门槛值的精度，最终采用 400 次 Bootstrap 抽样选取门槛值的结果如表 6-2 所示。

表 6-2　门槛效应自抽样检验结果

模型	F 值	P 值	Bootstrap 次数	1%	5%	10%
单一门槛	31.032***	0.010	400	29.719	21.184	14.739
双重门槛	17.239***	0.010	400	19.194	12.146	9.149
三重门槛	7.213	0.180	400	26.688	13.437	9.853

数据来源：根据 Stata 结果整理。

参考 Hansen(1999)，本章逐步进行单一门槛、双重门槛和三重门槛检验。第一步，单一门槛检验的原假设认为构建无门槛模型与单一门槛模型无显著差异，自抽样检验结果 F 值为 31.032，拒绝原假设，证实存在单一门槛效应。第二步，继续做原假设为构建单一门槛模型与双重门槛模型无差异的检验，而自抽样检验结果 F 值为 17.239，拒绝原假设，证实存在双重门槛效应。第三步，三重门槛效应未通过检验，说明应建立双门槛面板模型进行分析。由于 Bootstrap 抽样的结果只能用于检验门槛效应和确定门槛值的个数，本章需要进一步对门槛值进行估计并确定其置信区间，得到如表 6-3 的结果。

表 6-3　门槛估计值和置信区间

门槛模型	门槛变量	门槛估计值	95%置信区间
单一门槛模型		0.478	[0.165，0.518]
双重门槛模型	q_1	0.185	[0.160，0.191]
	q_2	0.473	[0.470，0.545]

数据来源：根据 Stata 结果整理。

表 6-3 的结果显示，两个门槛值 0.185 和 0.473 均在置信区间，基于此将外商企业投资水平划分为三种类型，其中等于或低于 0.185 为低水平外商企业投资，取值在 0.185 和 0.473 之间为适度水平外商企业投资，当取值大于或等

于0.473时对应高水平外商企业投资。似然比函数图能够直观反映双重门槛值的筛选过程，如图6-1所示，曲线对应残差平方和的取值，横虚线为LR统计量的取值，两条线的交点能够确定置信区间上下限的取值。

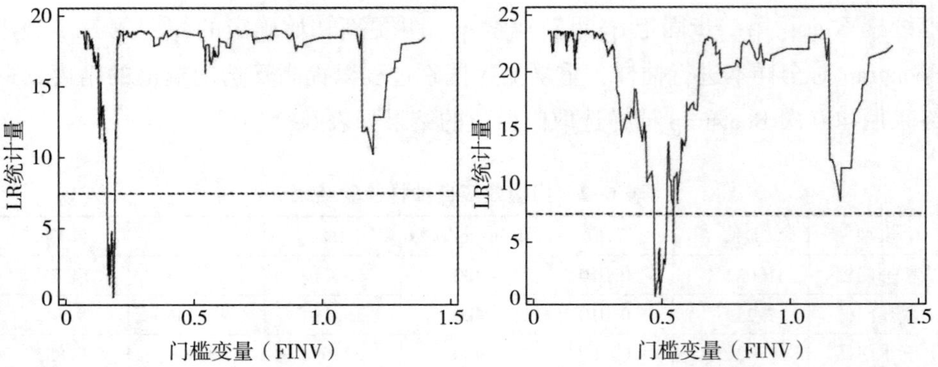

（a）q_1　　（b）q_2

图6-1　门槛的估计值与置信区间

三、全样本的实证分析

在确定0.185和0.473两个门槛值后，本章依据式(6-1)的双门槛面板模型进行实证分析，并估计具有异方差稳健标准误的固定效应模型，得到参数的估计结果如表6-4所示。

表6-4　双门槛面板固定效应模型结果

变量		RGDP	变量	RGDP	变量	RGDP
FI	FINV≤0.185	2.200*** (2.94)	常数项	1.721*** (21.60)	FINV	0.005 (1.05)
	0.185<FINV<0.473	1.722*** (4.31)	LAB	24.73*** (3.77)	TH	0.060 (0.53)
	FINV≥0.473	1.097** (−2.35)	FICG	0.566*** (18.99)	URB	0.116 (1.68)
R^2		0.971	样本数	434	F统计量	391.5

注：括号内为t统计量，* 表示 p<0.1，** 表示 p<0.05，*** 表示 p<0.01。

数据来源：根据Stata结果整理。

当 FINV 小于等于 0.185 时，金融化对实体经济的影响系数为 2.200，说明低水平外商企业投资对国内金融资源的挤占程度较低。外商企业投资流向国内金融市场并与国内金融市场内的金融资源共同形成为实体部门提供资金的“资金池”，能够通过增加可用于投资的资金总规模为企业融资提供便利；当 FINV 处于(0.185，0.473)时，金融化对实体经济的影响系数为 1.722，说明适度地引进外商企业投资和有效利用金融市场资源能够促进实体经济增长，但金融化的促进力度会有所下降。

当 FINV 持续增加到大于等于 0.473 时，金融化对实体经济的影响系数为 1.097，此时高水平的外商企业投资与本国金融资源呈现显著的竞争关系。外商企业投资过度会导致资金的总供给水平超过本地金融市场的吸收能力，并且打破投融资系统的均衡，最终导致金融支持实体经济的力度进一步降低。可见，随着外商企业投资水平的不断提高，国内金融资源受挤占的程度增加，导致金融化对实体经济的促进力度逐步下降。

在外商企业投资水平的门槛效应作用下，金融化对实体经济的影响存在差异。尽管外商企业投资结合本地金融资源可被投向收益更高、规模更大的项目，但同时因忽视地方小微企业和民营企业的融资而导致生产和经营受阻。可见，为确保金融业对实体经济发展能够发挥支持作用，我国应合理控制引进外商企业投资的规模。政府在加大力度引进外资的同时应加强对外商投资流向的监控以降低外部投资对本地金融市场的挤占影响，并控制好外商企业投资与本地金融资源在金融市场中的比例以更好地服务于实体经济发展。

四、分区域样本的实证分析

由于不同地方的自然资源禀赋和政策等存在差异，因此不同区域实体经济和金融化的初始水平不同。在改革开放过程中，沿海地区率先发展，导致区域间差异拉大。为推动经济协调发展，国家设定了西部大开发、中部崛起和振兴东北等战略。随着金融资源在区域内积聚，我国不同区域的金融化水平逐渐差异化，进而对实体经济产生了不同程度的影响。因此，本章利用省际层面数据并进行东部、中部、西部地区划分，分析金融化对实体经济在不同区域的门槛效应。由于依据全样本筛选的门槛值并不适用分区域的子样本，本章分别确定东部、中部、西部地区样本的门槛值，并重新进行 Bootstrap 抽样得到如表 6-5 所示的结果。

表 6-5　分区域门槛效应自抽样检验结果

区域	模型	F 值	P 值	BS 次数	临界值		
					1%	5%	10%
东部	单一门槛	26.709	0.123	400	60.966	40.031	30.708
	双重门槛	20.144*	0.058	400	29.270	21.290	15.705
	三重门槛	11.731	0.133	400	37.895	20.596	13.918
中部	单一门槛	9.654**	0.030	400	14.564	7.634	5.611
	双重门槛	2.401	0.383	400	17.271	10.447	6.502
	三重门槛	1.539	0.450	400	14.364	8.857	6.473
西部	单一门槛	18.666**	0.028	400	23.396	14.497	11.158
	双重门槛	3.416*	0.083	400	9.888	4.193	3.025
	三重门槛	2.099	0.405	400	16.790	9.031	6.332

注：* 表示 $p<0.1$，** 表示 $p<0.05$，*** 表示 $p<0.01$。

数据来源：根据 Stata 结果整理。

根据如表 6-5 所示的门槛效应自抽样结果，本章对东部和西部地区的样本建立双门槛面板模型，而对中部地区的样本建立单一门槛面板模型，具体门槛值的选取及其置信区间如表 6-6 所示。

表 6-6　分区域门槛估计值和置信区间

区域	模型	门槛估计值		95%置信区间
东部	单一门槛模型		0.382	[0.274，0.518]
	双重门槛模型	q_1	0.479	[0.470，0.518]
		q_2	0.382	[0.274，1.197]
中部	单一门槛模型		0.300	[0.138，0.316]
西部	单一门槛模型		0.166	[0.155，0.187]
	双重门槛模型	q_1	0.544	[0.061，0.698]
		q_2	0.167	[0.161，0.186]

表 6-6 分区域列示了门槛值的估计结果，其中东部地区的门槛值为 0.382 和 0.479，可将外商企业投资水平划分为小于或等于 0.382、0.382 和 0.479 之

间、大于或等于 0. 479 的三个区间，表示低水平外商企业投资、适度水平外商企业投资和高水平外商企业投资；同样西部地区的门槛值为 0. 167 和 0. 544，可将外商企业投资水平划分为小于或等于 0. 167、0. 167 和 0. 544 之间、大于或等于 0. 544 的三个区间，表示低水平外商企业投资、适度水平外商企业投资和高水平外商企业投资；而中部地区只存在单一门槛值，可将外商企业投资划分为低水平(≤0. 300)和高水平(>0. 300)两个区间。本章进一步将确定的门槛值纳入门槛面板模型中进行分区域实证回归，得到如表 6-7 所示的实证结果。

表 6-7　东部、中部、西部实证结果比较

区域	东部		西部		中部	
变量	RGDP		RGDP		RGDP	
FI	常数项	1. 863*** (12. 32)	常数项	1. 812*** (11. 48)	常数项	1. 922*** (9. 22)
	FINV≤0. 382	5. 286** (3. 10)	FINV≤0. 167	2. 718*** (3. 45)	FINV≤0. 300	3. 301** (2. 88)
	0. 382<FINV<0. 479	2. 397** (2. 83)	0. 167<FINV<0. 544	2. 089*** (3. 68)	FINV>0. 300	2. 011* (2. 01)
	FINV≥0. 479	1. 598** (-2. 90)	FINV≥0. 544	1. 491*** (-3. 23)		
	TH	-0. 268 (-1. 00)	TH	-0. 119 (-0. 70)	TH	0. 065 (1. 19)
	LAB	18. 96** (2. 38)	LAB	47. 45*** (4. 51)	LAB	9. 251 (1. 11)
	FICG	0. 622*** (11. 06)	FICG	0. 422*** (8. 46)	FICG	0. 583*** (7. 97)
	URB	0. 0492 (0. 89)	URB	0. 279* (1. 93)	URB	0. 122 (0. 99)
	FINV	0. 005** (2. 34)	FINV	0. 0734 (1. 42)	FINV	-0. 353*** (-5. 84)
	R^2	0. 967	R^2	0. 979	R^2	0. 982
	样本数	154	样本数	168	样本数	112

注：括号内为 t 统计量，* 表示 p<0. 1，** 表示 p<0. 05，*** 表示 p<0. 01。

比较表6-7的估计结果发现，当外商企业投资处于低水平、适度水平和高水平时，金融化影响实体经济的系数在东部地区分别为5.286、2.397和1.598，在西部地区分别为2.718、2.089和1.491。虽然在东部、西部地区金融化对实体经济的影响均为正，但随着外商企业投资规模的扩大，金融化对实体经济的促进力度逐步降低。分析原因发现，东部地区金融市场的发展程度处在领先水平，并具备吸引和消化外资的能力。东部地区通过发挥本区域的资金优势精准服务实体经济，但是过度的外商企业投资会抵消部分金融化对实体经济的促进效果。不同于东部地区，西部地区的经济发展水平不高、不具备资金优势，并且得到外商企业投资的难度较大，不够健全的金融市场对资源的配置能力相对较低，当外商企业投资过度流入西部地区后会弱化金融化对实体经济的促进作用。

中部地区金融化对实体经济的影响在单一门槛值0.300划分的两区间内均为正，估计系数由3.301下降到2.011，说明金融化对实体经济的影响小幅下降且在突破门槛值后仍为正。中部地区金融资源的规模和金融市场的成熟度介于西部地区和东部地区间，需进一步挖掘本区域金融市场的潜力，并合理利用外资，最大限度地发挥外商企业投资和本地金融资源对实体经济的促进作用。通过上述分析发现，在外商企业投资门槛效应下，金融化对实体经济的影响在区域间具有不平衡性。当外商企业投资与本地金融资源同时发挥作用时，金融化对实体经济的促进作用明显提升，而外商企业过度投资会降低金融化对实体经济的促进力度。我国可适当放宽对外商企业投资的限制，以确保外资和本地区金融资源更好地互补以助推实体经济增长。

除金融化因素外，本章同时关注人力资本对实体经济增长的促进作用，避免各区域因对人力资本利用低效而导致其贡献低于物质资本（李有生和胡洪力，2010；赵显洲，2012）。此外，西部地区的城镇化水平较低，可通过增加人口带动需求以拉动实体经济增长；而就城镇化已达到较高水平的东部地区而言，需求拉动经济增长的效果并不明显。特别是当人口数量超过城市的容纳能力后会形成“城市拥挤”效应，反而不利于地区的实体经济增长。可见，各个地区应重视金融化与实体经济间的关系，前者为后者提供高质量的金融服务，后者为前者的发展提供基础，二者推进式发展有利于缩小区域差异。

第二节

金融化影响实体经济的空间溢出效应分析

随着金融活动和金融资源在地理和空间上集中，区域特有的金融结构逐步形成。同时，跨区域间金融结构的补充和关联形成区域金融体系，并对本区域和邻近区域的实体经济产生差异化影响。

一、研究设计

(一)模型选择

在经典计量分析中引入空间效应的空间计量经济学，已逐步发展为学术界的主流。Anselin(1988)较早定义了广义空间计量模型，并在模型中分别添加解释变量和随机干扰项的空间效应，得到空间滞后(SLX)模型和空间误差模型(SEM)等基础空间模型。随着研究深入，学者对基础模型进行了拓展，并将模型的适用范围由横截面数据扩大到面板数据。Lee(2004)及Kelejian和Prucha(2007)对空间面板固定效应模型进行分析，而Baltagi和Li(2004)研究的随机效应模型，进一步推动了空间面板模型的发展。Elhorst和Vega(2013)通过构建通用嵌套空间模型(GNSM)使基础模型间构建了联系，并分别对模型中的ρ、λ和θ施加约束条件，实现了模型在空间和非空间模型间的转换(见图6-2)。

由于GNSM囊括了图6-2中所有的模型，在分别对GNSM中的ρ、λ和θ施加约束时能够实现所有空间和非空间计量模型间的转换，因此本章从GNSM出发，估计上述模型并筛选出最优模型，将模型中的空间权重矩阵W扩展到时空权重矩阵TW，得到如下模型：

$$Y=\alpha+\rho(TW\times Y)+X\beta+(TW\times X)\theta+\eta_i+\varphi_t+u \tag{6-2}$$
$$u=\lambda(TW\times u)+\varepsilon$$

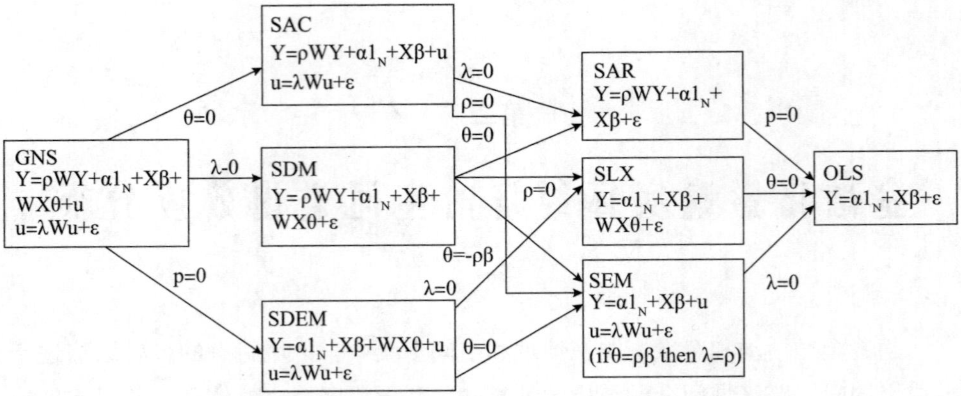

图 6-2　不同空间计量模型设定的比较

资料来源：Elhorst J P，Vega S H. On spatial Econometric Models，Spillover Effects and W[R]. European Regional Science Association Conference Papers，2013.

式中：Y 为被解释变量；TW 为 NT×NT 维的时空权重矩阵；X 为解释变量；u、ε 为随机扰动项，均服从零均值、同方差的多元正态分布；N 为截面个数；T 为样本区间包含的时期数；η_i 和 φ_t 分别为空间面板模型中的个体效应和时间效应；ρ 和 λ 分别为 Y 和 u 的空间相关系数。进一步针对本章研究问题构建如下模型：

$$RGDP=\alpha+\rho(TW\times RGDP)+FINA\beta+(TW\times FINA)\theta+Control\gamma+(TW\times Control)\delta+\eta_i+\varphi_t+u$$

$$u=\lambda(TW\times u)+\varepsilon \tag{6-3}$$

式中：RGDP 为实体经济；FINA 为各省金融化水平，Control 为纳入模型的控制变量，包括产业结构、人力资本、对外开放程度、政府部门的最终消费支出和城镇化水平。

(二)空间相关性分析

实体经济发展不仅会受具有区域特征的因素影响，还会受邻近地区的影响而表现出空间依赖性。本章选取 Moran's I[①] 检验实体经济指标的空间依赖性，

① Moran's $I=\frac{\sum_{i=1}^{n}\sum_{j=1}^{n}W_{ij}(Y_i-Y)(Y_j-\overline{Y})}{S^2\sum_{i=1}^{n}\sum_{j=1}^{n}W_{ij}}$，$S^2=\frac{\sum_{i=1}^{n}(Y_i-\overline{Y})^2}{n}$，$\overline{Y}=\frac{\sum_{i=1}^{n}Y_i}{n}$

以确定构建空间计量模型的合理性。归一化处理后的 Moran's I 取值的区间为[-1,1]，并以不存在空间相关性时取值为零来区分，当 Moran's I 取值为负时说明存在负的空间相关性，当 Moran's I 取值为正时说明区域内存在相似特征观测值聚集的现象。本章依据优选的空间权重计算实体经济指标的全局莫兰指数用于空间相关性分析，结果如表 6-8 所示。

表 6-8　2004~2017 年实体经济指标的全局 Moran's I

年份	I	均值	标准差	z	P 值
2004	0.090	-0.033	0.103	1.190	0.117
2005	0.103	-0.033	0.103	1.320	0.093
2006	0.111	-0.033	0.103	1.396	0.081
2007	0.117	-0.033	0.103	1.460	0.072
2008	0.128	-0.033	0.103	1.571	0.058
2009	0.131	-0.033	0.103	1.597	0.055
2010	0.129	-0.033	0.103	1.580	0.057
2011	0.128	-0.033	0.102	1.576	0.058
2012	0.128	-0.033	0.102	1.581	0.057
2013	0.131	-0.033	0.102	1.601	0.055
2014	0.131	-0.033	0.103	1.604	0.054
2015	0.132	-0.033	0.103	1.610	0.054
2016	0.144	-0.033	0.103	1.722	0.043
2017	0.122	-0.033	0.103	1.508	0.066

可见，历年实体经济指标的全局 Moran's I 均为正值，表明我国实体经济在省际层面的空间相关性为正，即各个地区的位置越聚集，实体经济的空间相关性越显著。如图 6-3 所示的 Moran's I 的变动趋势发现，2004~2008 年随着跨区域经济往来十分密切，地区间实体经济发展的依赖程度不断增加，空间相关性不断增强；2009~2014 年受全球金融危机的影响，各地区以恢复本区域的经济为工作重心，实体经济的空间相关性在出现小幅下降后基本维持在相对稳定的水平；2015 年后随着政府出台金融支持实体经济的相关政策，地方经济在恢复的同时空间相关性不断增强。随着国内需求增速放缓，产品供过于求引发的竞争会影响各地实体经济增长，最终表现为空间相关性大幅度下降。可见，全局 Moran's I 的变动情况凸显出了在研究实体经济增长时关注地理区位与空间依赖性等因素的重要性。

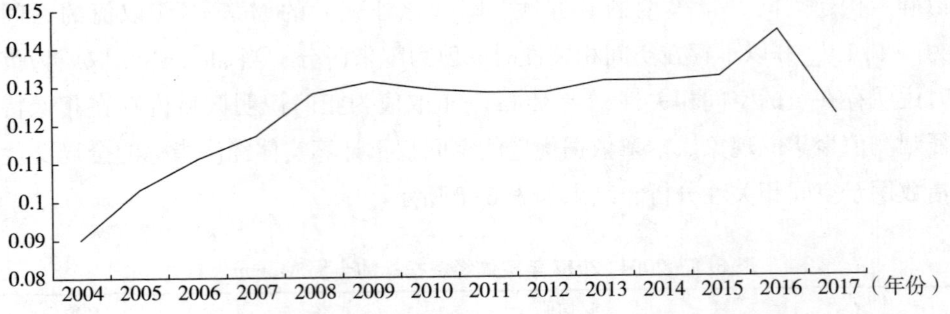

图 6-3　实体经济指标全局 Moran's I 变动趋势

为能够直观反映实体经济的局域空间相关性，本章以 2017 年为例计算局部 Moran's I 并绘制散点图，并根据点(z, Wz)确定每个省份分落在四个象限坐标点的位置，同时依据点的位置拟合出 z 与 Wz 之间的线性关系(见图 6-4)。

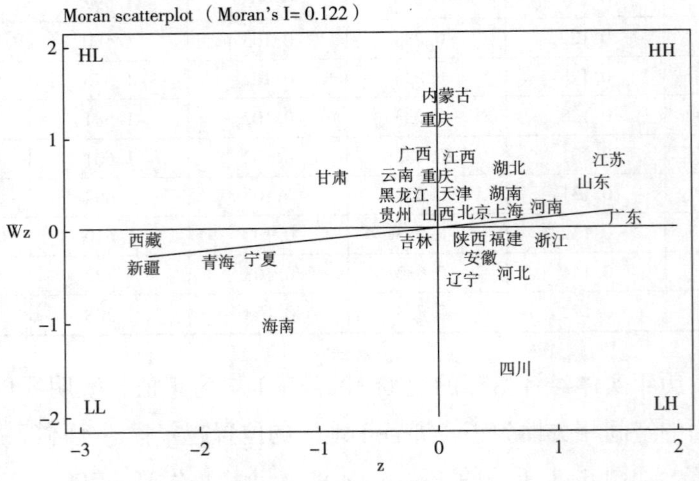

图 6-4　2017 年实体经济指标局部 Moran's I 散点

在图 6-4 中，散点图可用于识别区域间的相关性：第一象限(HH)，表示区域内省份和相邻地区的实体经济规模均高于均值；第二象限(LH)，表示该区域内省份的规模低于均值，而相邻省份的规模高于均值；第三象限(LL)，表示区域内省份和相邻地区的实体经济规模均低于均值；第四象限(HL)，表示该区域内省份的规模高于均值，而相邻省份的规模低于均值。其中，经过第一象限、第三象限的拟合线表明空间相关性为正，反之则为负，而点随机落在四个象限表明区域间实体经济不存在空间相关性。

如图 6-4 所示，实体经济指标的散点主要落在第一象限、第三象限。

局部 Moran's I 结果证实，实体经济指标具有空间正相关性，主要位于 HH 或 LL 区域。其中，实体经济规模较高的省份为广东、江苏、山东等，较低的省份为新疆、青海和西藏等，存在明显的区域异质性。

二、空间面板计量模型的权重确定

随着在模型中引入反映经济指标在区域间关联程度的空间权重，空间计量模型逐步成为分析区域差异方面的主流工具。然而，空间权重矩阵的设定形式将直接影响模型的估计结果，所以确定空间权重矩阵的设定形式显得尤为重要。

（一）空间权重矩阵形式的设定

空间权重矩阵通常以区域间是否有公共的顶点或边界来确定。考虑经济指标能够发挥跨区域影响，苏方林(2006)通过设定包含地区 i 的 Delaunay 三角形来确定能够对其产生影响的 k 个最近地区，其中选中区域的权重为 1，否则为 0。李林等(2011)考虑到，不存在地理位置邻近关系的地区之间仍会产生影响，在用经纬度确定区域坐标的前提下构建权重矩阵。除空间邻近权重矩阵外，学界流行的做法是在获取地区经纬度的基础上计算欧式距离或球面距离，并依据地理学定律取距离倒数得到地理距离权重矩阵。

随着研究深入，更多学者将经济因素增加到权重矩阵中。但关于经济指标的选取和权重构建方式存在差异。一方面，较多学者直接选取单一经济指标，按所需的维度构建权重矩阵，其中既包括选取两个区域间人均收入水平差的倒数作为元素构建权重矩阵的方式(林光平等，2005；吴拥政和颜日初，2009；刘华军等，2014；初春和吴福象，2018)，也包括参考引力模型利用两个区域的金融业增加值与两地间经济距离相除构建权重矩阵(张虎和韩爱华，2017)的方式。另一方面，为弥补单一经济指标无法准确反映区域间地理信息的不足，部分学者构建混合空间权重矩阵，如利用邻近关系或地理距离矩阵分别与物质资本存量和人力资本存量的比重(李婧等，2010)、总人均收入水平和资本形成总额(张林，2016)及 GDP 规模(邓若冰和刘颜，2016；陈林心和何宜庆，2016；肖功为等，2018)构建的对角矩阵相乘得到混合空间权重矩阵。混合空间权重相较单一地理、经济指标权重考虑更全面，可以呈现地区经济指标间相互影响的综合空间效应。

可见，学者设定空间权重的形式多样化且不断更新和完善。本章参考已有研究分别从邻近关系、地理距离和经济因素角度构建权重。

1. 基于 Queen 邻近的空间权重(W_{ijQ})

Queen 邻近要求区域间共享顶点或边界，该邻近关系假设溢出效应只对邻近地区产生影响，其中两区域相邻则权重矩阵对应元素取 1，否则取 0。

2. 基于地理距离的空间权重(W_{ijD})

地理距离包括省会城市间的距离、自驾车或轨道交通行驶的距离和球面距离等。本章计算各省份地理中心间的欧式距离①和球面距离②，并利用距离平方的倒数构建空间权重矩阵。

3. 经济指标权重(W_{ijM})

本章将某地区所有时期 GDP 的平均值与所有地区 GDP 平均值的合计值相除得到主对角线元素，并构建与区域数量相同维度的矩阵作为经济规模权重矩阵 W_{GDP}。为能够综合考虑地理和经济信息，本章利用邻近、欧氏距离和球面距离权重与经济权重相乘得到混合空间权重(邓若冰和刘颜，2016；陈林心、何宜庆，2016；肖功为等，2018)：

$$W_{ijM} = W_{ij} \times W_{GDP} \tag{6-4}$$

本章选取不同类型的空间权重用于详细分析金融化对实体经济的溢出效应在地区间的差异，其中，邻近权重矩阵可较直观地反映溢出效应在地理邻近区域间的传导影响；距离权重可突破地理位置上邻近的限制且溢出效应的影响随着距离的增加而逐渐减小；混合权重可以综合反映本地区位置和经济水平的影响。本章构建不同类型的空间权重矩阵，并对经行标准化处理的矩阵进行对比和筛选。

(二)时空权重的遴选

由于欧氏距离权重、欧氏距离与经济混合权重在判断空间依赖性时结果不显著，本章在分析时剔除这两类权重并依次将基于邻近关系、邻近关系与经济

---

① 空间中点(x_1,y_1)与点(x_2,y_2)之间的“欧氏距离”$d_{ije} = \sqrt{(x_2-x_1)^2+(y_2-y_1)^2}$。

② 利用式 $d_{ijs} = r \times \arccos[\sin(la_i) \times \sin(la_j) + \cos(la_i) \times \cos(la_j) \times \cos(lo_i - lo_j)]$ 计算球面距离，其中 r 为地球半径，lo_i 和 lo_j 为两个省份省会城市的经度，la_i 和 la_j 为两个省份省会城市的纬度。

混合、球面距离、球面距离与经济混合构建的空间权重①定义为 W_1、W_2、W_3 和 W_4，并绘制 31 个省域四种权重非零元素的可视图，用于反映各省域在地理位置上的邻近关系(见图 6-5)。

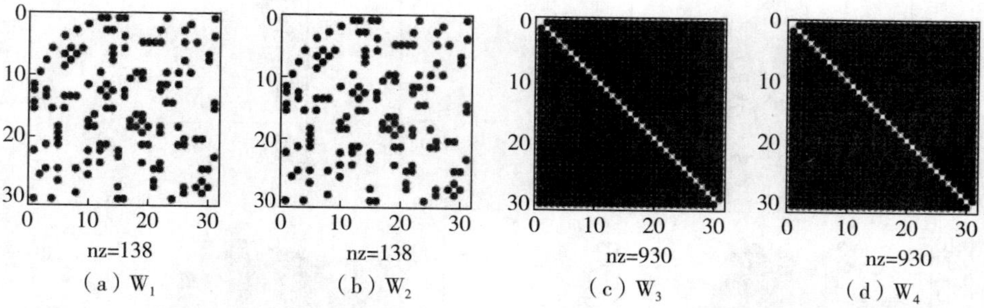

图 6-5　我国 31 个省域四种空间权重非零元素可视化

为匹配面板数据进行溢出效应分析，本章需将空间权重扩展为时空权重以匹配空间面板模型。已有研究通常采用空间权重矩阵乘以时间权重矩阵(两类权重矩阵的克罗内克积)的方法构造时空权重矩阵。其中，关于时间权重的构造包括以下三种方式：第一种主要依据面板数据的时间期数确定单位矩阵 T_1 的维度(LeSage 和 Pace, 2009；Mata 和 Llano, 2013)，该矩阵的弊端是空间溢出效应只在当年产生影响，并不会在时间维度进行传导，对其他年份无影响；第二种将时间权重设定为经过标准化处理的下三角矩阵 T_2(Dubé et al., 2014)，该矩阵表明某一时期地区间的溢出效应只会受到当期和以前时期的影响，并不能受到未来各期的影响，进而可弥补 T_1 的缺点。第二类时间权重的不足在于某一地区的溢出效应在各期的影响程度相同，而实际上溢出效应的影响应随时间延长而衰减，并不会有持续性。为克服以上缺点，本章利用各期的全局 Moran's I 构建第三种时间权重 T_3(范巧和 Darren, 2018)，具体通过计算某一时期与以前各期全局 Moran's I 的比值确定时间权重矩阵下三角位置的元素，以确保空间溢出效应的影响在各期存在差异。同时，全局 Moran's I 由经济指标和权重计算得到，所以第三种结果为内生时间权重矩阵。如图 6-6 所示，权重矩阵的上三角元素均为零，且溢出效应不受未来各期影响，符合上文

① 31 个省份的顺序：安徽、北京、重庆、福建、甘肃、广东、广西、贵州、海南、河北、黑龙江、河南、湖北、湖南、江苏、江西、吉林、辽宁、内蒙古、宁夏、青海、陕西、山东、上海、山西、四川、天津、新疆、西藏、云南、浙江。

对时空权重矩阵的设定要求。

$$T_1=\begin{bmatrix}1 & & & \\ & 1 & & \\ & & \ddots & \\ & & & 1\end{bmatrix},\ T_2=\begin{bmatrix}1 & & & \\ \frac{1}{2} & \frac{1}{2} & & \\ \vdots & \vdots & \ddots & \\ \frac{1}{n} & \frac{1}{n} & \cdots & \frac{1}{n}\end{bmatrix},\ T_3=\begin{bmatrix}1 & & & \\ \frac{M_{2005}}{M_{2004}} & 1 & & \\ \vdots & \vdots & \ddots & \\ \frac{M_{2017}}{M_{2004}} & \frac{M_{2017}}{M_{2005}} & \cdots & 1\end{bmatrix}$$

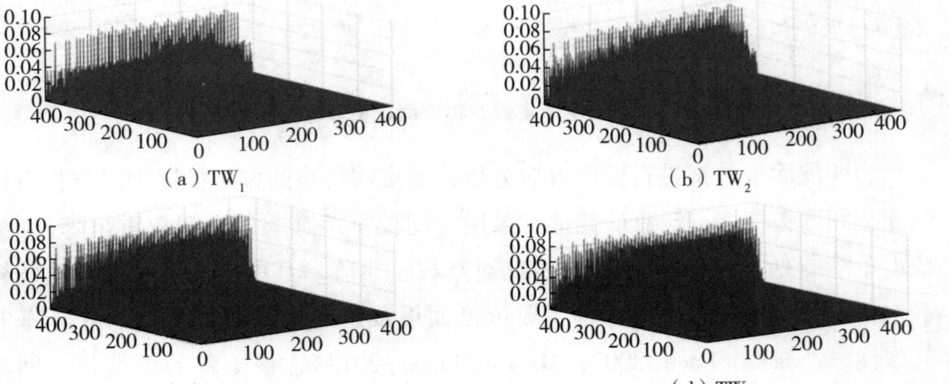

（a）TW_1 （b）TW_2 （c）TW_3 （d）TW_4

图 6-6 内生时空权重矩阵对比

利用式(6-5)分别计算 T_3 与四种空间权重的克罗内克积来构建时空权重矩阵：

$$TW_1=T_3\otimes W_1,\ TW_2=T_3\otimes W_2,\ TW_3=T_3\otimes W_3,\ TW_4=T_3\otimes W_4 \quad (6-5)$$

由于四种类型的时空权重结果存在明显差异，本章参考范巧和石敏俊(2018)的方法，依据时空权重矩阵与被解释变量矩阵的有效相关性筛选并确定最优权重。四种时空权重矩阵与实体经济矩阵间有效相关性的具体对比结果如表 6-9 所示。

表 6-9 不同类型时空权重矩阵与实体经济矩阵有效相关性的检验结果

统计量	TW_1	TW_2	TW_3	TW_4
相关系数	0. 288	0. 261	0. 331	0. 319
t 统计量	130. 42	117. 23	152. 28	145. 89

注：1%、5% 和 10% 的置信区间分别为[-2. 5758，2. 5758]、[-1. 96，1. 96]和[-1. 6449，1. 6449]。

由上表结果可知，基于经纬度计算的球面距离空间矩阵得到 TW_3 与实体经济矩阵的相关系数最大，在四种权重中作为构建空间计量模型的权重最为合理。

三、空间面板计量模型的筛选

我国实体经济增长存在区域差异，并且金融活动的竞争效应与溢出效应在区域间共存。由于受地理位置的影响，邻近地区的金融发展可能改变本地区的经济活动和政策实施，因此不能忽视相邻地区之间金融活动的联系。Anselin 等(2008)较早指出，在实证分析时考虑地理位置信息需对变量的空间依赖性进行检验。因此，本章在模型估计前倾向通过 LM 检验对被解释变量和随机误差项的空间依赖性进行检验(见表 6-10)，并对模型的选择结果进行预判。

表 6-10　LM 空间依赖性检验结果

稳健性检验	原假设(H_0)	LM 值	边际概率	结果
忽略空间滞后的 LM 滞后检验	不存在空间滞后依赖	288.058	0	拒绝
空间误差的 LM 误差检验	不存在空间误差依赖	47.092	0	拒绝

注：$\chi^2_{0.01}(1)=6.64$。

如表 6-10 所示的结果均在 1%的显著性水平上拒绝 H_0，说明被解释变量和随机误差项均存在空间依赖性。如果被解释变量或随机误差项存在空间效应，可以考虑建立 SEM 或空间自回归(SAR)模型；若二者同时存在空间依赖性则考虑建立更复杂的 SAC 模型。由于表中结果并不能确定解释变量是否存在空间效应，本章估计所有的空间面板计量模型以便于模型筛选。

从表 6-11 多模型的估计结果发现，其中 SLX 模型和空间杜宾误差模型(SDEM)中部分系数不显著，并不能作为备选模型。参考如图 6-2 所示的各空间面板模型间的转化关系，本章对表 6-12 中的假设条件进行验证，最终完成模型的筛选。

表 6-11　空间模型估计结果比较

变量	非空间	SAR	SLX	SAC	SDM	SDEM
常数项	0. 011 (1. 340)	0. 0197 *** (3. 957)	0. 087 *** (5. 528)	0. 020 *** (5. 170)	0. 089 *** (5. 810)	0. 107 *** (6. 718)
FINA	0. 192 *** (11. 535)	0. 073 *** (7. 527)	0. 030 *** (2. 790)	0. 076 *** (9. 338)	0. 021684 ** (2. 122)	0. 033 *** (3. 134)
TH	-0. 029 ** (-2. 397)	-0. 044 *** (-6. 261)	-0. 036 *** (-5. 121)	-0. 041 *** (-6. 319)	-0. 036 *** (-5. 497)	-0. 034 *** (-4. 963)
LAB	0. 061 *** (3. 957)	0. 032 *** (3. 582)	0. 0128 (1. 491)	0. 031 *** (3. 897)	0. 016 * (1. 956)	0. 013 (1. 587)
FINV	-0. 020 ** (-2. 266)	-0. 017 *** (-3. 437)	-0. 018 *** (-3. 617)	-0. 022 *** (-4. 867)	-0. 018 *** (-3. 720)	-0. 019 *** (-3. 960)
FICG	0. 689 *** (33. 794)	0. 314 *** (26. 374)	0. 235 *** (11. 946)	0. 310 *** (33. 410)	0. 205 *** (11. 109)	0. 232 *** (12. 209)
URB	0. 081 *** (6. 396)	0. 067 *** (9. 047)	0. 055 *** (7. 468)	0. 068 *** (10. 723)	0. 052 *** (7. 544)	0. 057 *** (7. 986)
TW×FINA			0. 219 *** (5. 919)		0. 121 *** (3. 231)	0. 250 *** (6. 648)
TW×TH			0. 052 ** (2. 067)		0. 055 ** (2. 365)	0. 026 (1. 033)
TW×LAB			0. 081 ** (2. 034)		0. 099 *** (2. 66)	0. 088 ** (2. 168)
TW×FINV			-0. 140 *** (-7. 439)		-0. 131 *** (-6. 775)	-0. 157 *** (-8. 450)
TW×FICG			0. 756 *** (16. 117)		0. 328 *** (6. 663)	0. 723 *** (14. 898)
TW×URB			0. 141 *** (6. 303)		0. 056 ** (2. 290)	0. 130 *** (5. 651)
ρ		0. 992 *** (655. 337)		0. 996 *** (1154. 407)	0. 650 *** (10. 822)	
λ				-0. 952 *** (-13. 811)		0. 281 *** (1. 808)
R^2	0. 972	0. 990	0. 992	0. 992	0. 993	0. 992
Adj. R^2	0. 972	0. 990	0. 992	0. 992	0. 992	0. 992
对数似然值	655. 085	874. 894	922. 522	909. 318	943. 505	924. 982

注：*** 、** 和 * 分别表示通过显著性水平为 1%、5%和 10%的假设检验，括号内为 t 值。

表 6-12　空间面板模型的筛选结果

待比较的模型	假设	LR 统计量	选择结果
SAR 与 NSM	$H_0:\rho=0;H_1:\rho\neq 0$	439.618	选择 SAR 模型
SAC 与 NSM	$H_0:\rho=0$ 且 $\lambda=0;H_1:\rho\neq 0$ 或 $\lambda\neq 0$	508.466	拒绝原假设
SDM 与 NSM	$H_0:\rho=0$ 且 $\theta=0;H_1:\rho\neq 0$ 或 $\theta\neq 0$	576.840	拒绝原假设
SAC 与 SAR	$H_0:\lambda=0;H_1:\lambda\neq 0$	68.848	选择 SAC 模型
SDM 与 SAR	$H_0:\theta=0;H_1:\theta\neq 0$	137.222	选择 SDM 模型

注：$\chi^2_{0.05}(1)=3.842$，$\chi^2_{0.05}(2)=5.992$。

根据表 6-12 的结果将 SAC 模型和 SDM 模型作为备选模型。但是，由于 SDM 模型估计固定和随机效应的结果中部分解释变量系数和 ρ 不显著且模型的拟合效果较差，本章最终选定 SAC 模型用于空间溢出效应分析。

四、空间面板计量模型的实证分析

1. SAC 模型相关理论

由于空间面板模型的估计系数不再反映解释变量对被解释变量的边际影响，本章参考 LeSage 和 Pace（2009）的方法利用偏微分对空间总效应进行分解并分析其经济意义。SAC 模型的基本形式如下：

$$y=l_n\alpha+\rho TWy+X\beta+u,\quad u=\lambda TWu+\varepsilon \tag{6-6}$$

左乘 $(I_n-\rho TW)^{-1}$ 得到：

$$y=(I_n-\rho TW)^{-1}l_n\alpha+(I_n-\rho TW)^{-1}X\beta+(I_n-\rho TW)^{-1}(\lambda TWu+\varepsilon) \tag{6-7}$$

令 $V(TW)=(I_n-\rho TW)^{-1}$，$S(TW)=V(TW)\beta$ 得到外生化表达式：

$$y=V(TW)l_n\alpha+S(TW)X+V(TW)(\lambda TWu+\varepsilon) \tag{6-8}$$

针对单个自变量 x_r：$y=\sum_{r=1}^{k}S_r(TW)x_r+V(TW)l_n\alpha+V(TW)(\lambda TWu+\varepsilon)$

其中，$r=1,2,\cdots,k$，k 为解释变量的个数。模型转化为矩阵表达式：

$$\begin{bmatrix} y_1 \\ y_2 \\ \vdots \\ y_n \end{bmatrix}=\begin{bmatrix} S_r(TW)_{11} & S_r(TW)_{12} & \cdots & S_r(TW)_{1n} \\ S_r(TW)_{21} & S_r(TW)_{22} & \cdots & S_r(TW)_{2n} \\ \vdots & \vdots & \ddots & \vdots \\ S_r(TW)_{n1} & S_r(TW)_{n2} & \cdots & S_r(TW)_{nn} \end{bmatrix}\times\begin{bmatrix} x_{1r} \\ x_{2r} \\ \vdots \\ x_{nr} \end{bmatrix}+V(TW)l_n\alpha+V(TW)(\lambda TWu+\varepsilon) \tag{6-9}$$

本地区解释变量的变化引起其他地区因变量变化的幅度为 $S_r(TW)_{ij}$；本地区解释变量变化引起其他地区因变量或自变量变化，进而引起本地区因变量变化的幅度为 $S_r(TW)_{ii}$。

$$\frac{\partial y_i}{\partial x_{jr}} = S_r(TW)_{ij} = [(I_N - \rho TW)^{-1}\beta]_{ij}, \quad \frac{\partial y_i}{\partial x_{ir}} = S_r(TW)_{ii} = [(I_N - \rho TW)^{-1}\beta]_{ii} \tag{6-10}$$

由于 SAC 模型中存在 y 和 u 的空间滞后项，本章需将模型的影响效应分解为平均总效应、直接效应和间接效用于经济意义分析。其中，观测值平均总效应为 $S_r(TW)$ 所有行和的均值与 $S_r(TW)$ 所有列和的均值相加得到，可表征所有区域 x 变化引起本地区和邻近地区 y 变化总和的均值；平均直接效应为 $S_r(TW)$ 主对角线元素的均值，代表所有地区 x 变化引起本地区变化总和的均值；平均间接效应为平均总效应与平均直接效应的差，反映所有地区 x 变化引起邻近地区 y 变化总和的均值。

2. SAC 模型的实证结果

对空间面板数据的分析与非空间面板数据分析类似，本章同样在模型中控制个体固定效应、时间固定效应、个体和时间双固定效应、随机效应（Elhorst, 2009），并采用筛选出的 SAC 模型进行重新估计，得出表 6-13 的结果。

表 6-13　基于 SAC 模型的固定与随机效应估计结果

变量	个体固定效应	时间固定效应	个体和时间双固定效应	随机效应
FINA	0.071*** (7.979)	-0.014* (-1.728)	0.013* (1.913)	0.054*** (6.058)
TH	-0.037*** (-6.880)	-0.027*** (-5.018)	-0.024*** (-5.805)	-0.026*** (-3.934)
LAB	0.014* (1.744)	0.010 (1.380)	0.001 (0.222)	0.043*** (5.128)
FINV	-0.024*** (-6.554)	-0.005 (-1.185)	-0.004* (-1.743)	0.004 (0.726)
FICG	0.346*** (32.339)	0.137*** (10.433)	0.120*** (9.199)	0.281*** (25.549)
URB	0.046*** (5.710)	0.039*** (7.614)	0.030*** (5.262)	0.072*** (11.310)

续表

变量	个体固定效应	时间固定效应	个体和时间双固定效应	随机效应
ρ	0.995*** (69.679)	0.544*** (6.200)	0.853*** (57.051)	1.000*** (153541.402)
λ	0.997*** (111.059)	-1.032*** (-23.196)	-0.490*** (-2.936)	-0.829*** (-7.990)
R^2	0.995	0.435	0.203	0.840
Adj. R^2	0.995	0.429	0.194	0.839
对数似然值	1005.927	1039.838	1184.837	919.127

注：***、**和*分别表示通过显著性水平为1%、5%和10%的假设检验，括号内为t值。

对比表6-12的结果发现，时间固定效应模型及个体和时间双固定效应模型的估计结果中部分系数不显著，且修正的R^2分别为0.429和0.194，说明两类模型的拟合效果较差和参数估计的准确性较低，不适用于本章所进行的分析。Hausman检验的结果Wald = 1494.917 [$\chi^2_{0.01}(8) = 20.0902$；$\chi^2_{0.05}(8) = 15.5073$]，说明本章应选择个体固定效应模型分析金融化影响实体经济的空间溢出效应。

3. 直接、间接和总效应分析

在完成面板模型固定效应和随机效应的检验后，估计SAC个体固定效应模型并对结果中空间溢出效应的影响方向和范围进行分析，得出如表6-14所示的估计结果。

表6-14　SAC模型估计结果的直接、间接和总效应

变量	直接效应	间接效应	总效应
FINA	0.1057	13.8779	13.9836
TH	-0.0561	-7.3653	-7.4214
LAB	0.0203	2.6702	2.6905
FINV	-0.0365	-4.7857	-4.8222
FICG	0.5191	68.1573	68.6764
URB	0.0682	8.9513	9.0195

核心解释变量金融化（FINA）影响实体经济的直接效应和间接效应均为正，表明金融化可促进本地区和邻近地区实体经济增长。首先，随着金融业的发

展，金融集聚有利于汇集资源和共享信息，并将资金投向实际生产部门以发挥提供融资支持和降低成本的作用。其次，金融集聚有利于各区域实现规模经济。企业将全部要素和资源集中投入专门化生产，有利于促进本地区优势产业的发展。最后，本地区的金融发展和金融创新存在正外部性。正向溢出效应随着区域间的经济往来扩散到邻近地区，推动邻近地区的实体经济增长。比较效应值发现间接效应明显大于直接效应，表明金融化对实体经济虽然表现为促进作用但相邻地区间仍然存在竞争。本地区的实体经济增长水平不仅受本地区金融化的影响，也会受邻近地区反馈效应的影响。

不同控制变量对实体经济的影响存在差异，产业结构(TH)的直接、间接和总效应均为负。尽管各地区服务业相比于以实体为主的第一产业、第二产业发展迅速，但是经济增长过度依赖工业导致我国的产业结构调整缓慢。第一产业、第二产业支撑服务业发展的同时，也是服务业主要的服务对象，产业间的互动不足会降低对经济增长的拉动能力。此外，我国以投资为主导促进经济增长的效果不佳且效率低下，倒逼各个产业积极向知识和技术主导转变。以上分析表明，由于产业间的融合程度较低，我国的产业结构并不利于实体经济增长。

人力资本(LAB)对实体经济的三种效应均为正，发挥促进作用。人力资本相对不易受到区域限制，不仅能够在区域间相对自由地流动，还具有为所在地区创造价值的正外部性。高校毕业生人数增加伴随为实体企业输送受教育水平较高的劳动力，有利于实体企业进行研发创新。实体企业通过提高技术水平来替代要素投入，既能提高生产效率也能进一步减少企业的生产成本。政府部门的最终消费支出(FICG)增加会提高公共服务和个人消费货物、服务的开支，其中相关产品主要由实体部门提供，变相通过需求增加助推实体经济增长。

外商企业投资(FINV)的影响是双向的：一方面，外商企业投资规模增加不仅可为实体部门提供生产性资金和先进技术，还可推进本地区与其他国家的贸易往来以增加本地区的出口，最终通过增加对本地区的产品需求拉动实体经济增长。另一方面，由于我国西部内陆地区与东部沿海地区的经济水平差距较大，并且投资收益和吸纳外资能力也存在差异，导致过度的外商投资会起到反向作用。FINV 的直接、间接和总效应均为负，说明外商直接投资规模的增加会挤占本地区金融市场的投资，并且外商投资的高风险性会扰乱本地区金融市场。外商直接投资规模超出金融市场的负荷能力时，并不能有效地被本地区的金融市场吸收，反而会阻碍地区实体经济增长。

城镇化水平(URB)的直接、间接和总效应均为正，首先城镇化水平越高说明该地城镇居民的总需求水平越高，从而能够拉动该地区的实体经济增长。其次，城镇化水平提高伴随着各层级人才的流入，有利于提高本地区的人力资本水平。地区常住人口增加会提升劳动力的供给水平，有利于各个行业发展。最后，城市群作为新型城镇化的代表已成为集居住、就业和创业一体的区域，通过发挥提供就业岗位、增加消费、刺激投资和参与国际合作的功能逐步发展成为支撑地区实体经济增长的平台。

可见，地区实体经济增长受多种因素影响，在控制人力资本、政府部门的最终消费支出、城镇化等正向促进和产业结构、外商企业投资等负向抑制指标的情况下，金融化最终表现为促进本地区和邻近地区实体经济的增长。

本章小结

经济金融化的发展趋势日益显著，并对不同区域的实体经济产生影响。本章第一节利用省际面板数据分别对比全样本和东部、中部、西部地区子样本内金融化影响实体经济的差异。一方面，基于全国样本的实证结果表明，低水平的外商企业投资作为国内金融资源的补充，二者共同发挥促进实体经济的作用。但随着外商企业投资对金融资源挤占程度的增加，金融化对实体经济的促进作用随着外商企业投资水平增加而不断下降。另一方面，分区域的实证结果表明，东部和西部地区引进适度水平的外商企业投资有利于金融化发挥促进作用，而过度的外商企业投资会抵消部分促进力度。中部地区可适当放松对外商企业投资限制，合理控制外商企业投资引入的比例以对国内金融资源进行补充，有利于拉动实体经济增长。可见，在外商企业投资门槛效应下，金融化对实体经济的影响在区域间存在不平衡性。

本章第二节通过构建空间面板计量模型分析金融化影响实体经济的溢出效应分析，首先，对比有效相关性发现，基于球面距离空间权重矩阵构建的时空权重矩阵与实体经济矩阵的相关系数最大，能够作为优选的时空权重矩阵纳入空间模型。其次，从空间模型的一般形式出发，分别估计施加约束条件的各类空间计量模型并进行筛选，最终选定 SAC 个体固定效应模型进行实证分析。最后，对 SAC 模型估计得到的空间溢出效应进行分解发现，金融化影响实体经济的直接和间接效应均为正，能够提升本地区和邻近地区实体经济的增长水平。提升人力资本和城镇化水平、增加政府部门的最终消费支出能够促进实体经济增长，而第三产业占比增加和过度引进外商企业投资会起到抑制作用。

第七章

非金融企业金融化影响实业投资的研究：基于微观视角

CHAPTER 7

2018年，《中国人民银行 中国银行保险监督管理委员会 中国证券监督管理委员会关于加强非金融企业投资金融机构监管的指导意见》出台，用于规范非金融企业的投资行为，有利于加强实业与金融业的良性互动。非金融企业开展投机性金融业务会加深自身的金融化程度，而大量资本脱离实际生产会导致实体经济发展低迷。本章采用上市公司数据估计高维面板固定效应模型，一方面，分析控制不同固定效应下非金融企业金融化对实业投资的影响，并在模型中引入金融化指标的平方项以检验二者间的"U"型关系；另一方面，补充分析宏观政策影响的结构性差异和不同行业、产权性质、企业规模分类下金融化影响实业投资的异质性。

第一节

非金融企业金融化影响实业投资的实证分析

一、高维面板固定效应模型简介

考虑到仅添加个体效应或时间效应的传统面板对处理大样本和分组较多的数据集不适用，Guimarães 和 Portugal 于 2010 年提出高维面板固定效应模型通过迭代法估计克服上述缺陷，并且该方法具有计算密集、运行快速和节省运算空间等优势。

本章通过构建高维面板固定效应模型控制不同个体、行业和省份不可观测的异质性，并应用 Frisch-Waugh-Lovell 定理解决模型估计的问题。模型具体设定形式如下：

$$Y=Z\beta+D_1\alpha+D_2\gamma+\varepsilon \tag{7-1}$$

式中：Z 为 N×k 维的解释变量矩阵；D_1、D_2 分别为 N×m 和 N×n 维的虚拟变量矩阵，且 m 和 n 均对应维度。高维面板固定效应模型利用组内估计的方式，在吸收不同分组的固定效应因素后应用最小二乘法对式(7-1)进行估计，得到如下正则方程组：

$$\begin{bmatrix} Z'Z\beta+Z'D_1\alpha+Z'D_2\gamma=Z'Y \\ D'_1Z\beta+D'_1D_1\alpha+D'_1D_2\gamma=D'_1Y \\ D'_2Z\beta+D'_2D_1\alpha+D'_2D_2\gamma=D'_2Y \end{bmatrix} \tag{7-2}$$

对式(7-2)进行简单求解可得到参数估计量：

$$\begin{bmatrix} \hat{\beta}=(Z'Z)^{-1}Z'(Y-D_1\alpha-D_2\gamma) \\ \hat{\alpha}=(D'_1D_1)^{-1}D'(Y-Z\beta-D_2\gamma) \\ \hat{\gamma}=(D'_2D_2)^{-1}D'_2(Y-Z\beta-D_1\alpha) \end{bmatrix} \tag{7-3}$$

式(7-3)中三个参数的估计结果相互依赖，可通过 Gauss-Seidel 迭代算法求解：

第一步，设定初始值 $\beta_1^{(0)},\beta_2^{(0)},\cdots,\beta_k^{(0)}$；$\alpha_1^{(0)},\alpha_2^{(0)},\cdots,\alpha_m^{(0)}$；$\gamma_1^{(0)},\gamma_2^{(0)},\cdots,\gamma_n^{(0)}$。

第二步，将初始值代入正则方程，求解得到 $\beta_1^{(1)}$。

$$\frac{\partial SS}{\partial\beta_1}=\sum\nolimits_i x_{1i}(y_i-\beta_1x_{1i}-\beta_2^{(0)}x_{2i}-\cdots-\beta_k^{(0)}x_{ki}-\alpha_1^{(0)}D_{11i}-\cdots-\alpha_m^{(0)}D_{1mi}-\gamma_1^{(0)}D_{21i}-\cdots-\gamma_n^{(0)}D_{2ni})=0$$

第三步，进一步利用初始值和第二步得到 $\beta_1^{(1)}$ 求解 $\beta_2^{(1)}$。

$$\frac{\partial SS}{\partial\beta_2}=\sum\nolimits_i x_{2i}(y_i-\beta_1^{(1)}x_{1i}-\beta_2x_{2i}-\cdots-\beta_k^{(0)}x_{ki}-\alpha_1^{(0)}D_{11i}-\cdots-\alpha_m^{(0)}D_{1mi}-\gamma_1^{(0)}D_{21i}-\cdots-\gamma_n^{(0)}D_{2ni})=0$$

第四步，依据初始值得到 1 期的结果：$\beta_1^{(1)}$，$\beta_2^{(1)}$，…，$\beta_k^{(1)}$；$\alpha_1^{(1)}$，$\alpha_2^{(1)}$，…$\alpha_m^{(1)}$；$\gamma_1^{(1)}$，$\gamma_2^{(1)}$，…，$\gamma_n^{(1)}$。重复上述过程进行多期迭代直到结果收敛为止。

本章依据研究的问题设定如下模型：

$$Invest_{jst}=\beta_0+Finarate'_{jst}\beta+x'_{jst}\gamma+\theta_j+\varphi_s+\tau_t+\varepsilon_{jst} \tag{7-4}$$

式中：$Invest_{jst}$为属于 j 行业、位于 s 省的企业在第 t 年的实业投资规模；$Finarate_{jst}$为企业的金融化水平；x_{jst}为纳入模型中的控制变量；θ_j、φ_s 和 τ_t 分别用于控制行业、省份和年份固定效应；ε_{jst}为能够影响投资的其他因素。

二、研究设计

(一)样本选择与数据处理

由于我国自 2007 年起执行新的会计准则，本章最终选取对应 19 个行业①、31 个省份的 3728 家上市公司 2007~2018 年的高维面板数据。进行模型分析前，本章进一步对数据进行处理：①依据非金融企业的定义，剔除属于金融业和房地产业的公司；②剔除样本区间内标记 ST 和 *ST 的公司以减少企业经营业绩对自身财务数据的影响；③剔除上市年限短于 5 年、数据缺失和取值异常的公司；④剔除总资产为 0 的公司；⑤对除产权性质、二职合一、上市年限和前十大股东持股比例以外的变量进行 1%的 Winsorize 缩尾处理。本章依据实体经济的概念明确非金融企业主要包括的 16 个行业②，最终采集到 2213 家上市公司的面板数据样本，数据来源于 Wind 数据库。

(二)主要变量的定义与计算

1. 实业投资(Invest)

企业的投资活动不仅限于通过权益性或债权性投资盈利，也购买固定资产等用于维持自身的生产经营。本章汇总用于构建固定资产、无形资产和其他长期资产的资金，并计算其在企业所有投资活动现金支出中的比重以衡量实业投资规模(张成思和张步昙，2016)。

2. 非金融企业金融化(Finarate)

非金融企业金融化采用企业报表中金融资产占总资产的比重衡量(谢家智等，2014；宋军和陆旸，2015)。基于现行的会计准则，本章统计资产负债表中资产科目下归属金融资产范畴的流动资产、非流动资产并进行汇总。由于房

① 参考《上市公司行业分类指引(2012 年修订)》行业分类标准。

② 由于居民服务、修理和其他服务业只有一家上市公司，本章在处理数据过程中将其剔除。

地产的金融属性增强，本章在测算金融资产时纳入投资性房地产指标(龙迎客和罗斌，2019)。

金融资产=货币资金+交易性金融资产+衍生金融资产+可供出售金融资产+持有至到期投资+长期股权投资+债权投资+投资性房地产+发放贷款及垫款+应收票据+应收账款+预付款项+买入返售金融资产+应收利息+应收股利+企业所有者权益

3. 控制变量

基于已有分析企业投资影响因素的研究确定纳入模型分析的控制变量如下：净资产收益率、企业规模、资产负债率、净资产负债率、营业收入增长率、上市年限、前十大股东持股比例(Cstock)。另外，模型中包含如下虚拟变量：企业产权性质(Property)，公司属于国有企业则取值为1，否则为0；二职合一(Comb)，董事长与总经理为同一人取值为1，否则为0(黄贤环等，2018；盛明泉等，2018；刘伟和曹瑜强，2018)。主要控制变量的定义及计算规则如表7-1所示。

表7-1　主要控制变量的定义及计算规则

变量符号	变量名称	定义及计算
ROE	净资产收益率	税后利润占净资产的比例
Lnta	企业规模	资产总额取自然对数值
LOAR	资产负债率	债权人所提供的资本占总资本的比例
NADR	净资产负债率	负债总额占净资产总额的比重
YYSR	营业收入增长率	本年营业收入增加额与上年营业收入总额的比值
Listage	上市年限	当年减去公司上市年限加1

在完成对指标的定义和测算后，对指标进行基础的描述性统计以了解指标的分布和波动情况。表7-2中Invest与Finarate指标的均值大于中位数，说明数据分布有偏，并且样本中部分企业的金融化水平和实业投资规模较高。此外，Invest的均值为7.64，标准差较大为17.937，且该指标取值在最小值0.05和最大值141.31之间，说明实业投资水平在企业间具有明显的个体异质性，符合高维面板固定效应模型的数据要求。

表 7-2 非金融企业金融化影响实业投资研究的变量描述性统计结果

变量	样本数	均值	标准差	最小值	中位数	最大值
Invest	28473	7.64	17.937	0.05	2.85	141.31
Finarate	28361	0.98	1.871	0	0.46	13.14
Comb	28872	0.23	0.420	0	0	1.00
Listage	28872	15.18	6.537	6.00	15.00	29.00
Cstock	25898	56.85	15.781	1.32	57.23	101.16
Lnta	28363	12.55	1.468	9.18	12.49	16.63
LOAR	28515	44.04	21.122	4.81	43.52	98.31
NADR	28539	1.27	1.514	0.02	0.80	9.73
ROE	28206	10.14	14.717	-53.24	8.49	59.72
YYSR	27855	17.53	34.229	-54.88	12.31	185.30

三、实证分析

(一)控制不同固定效应的实证结果

由于非金融企业金融化对实业投资的影响存在年份、行业和省份异质性，本章利用高维面板固定效应模型控制各组的差异并进行实证分析。首先在未考虑各组异质性的情况下进行混合面板模型的估计，并分别估计控制年份、行业或省份固定效应的模型进行结果对比。

对比表 7-3 中控制不同固定效应的模型发现，模型(4)为同时控制行业、省份和年份固定效应的估计结果，该模型的可决系数最高、拟合的效果最好。不同模型的实证结果均表明金融化对实业投资的影响为负，结果可以从如下两个方面进行解释：一方面，为实现收益最大化的目标，企业将资本转向金融投资。由于金融市场拥有较多的套利机会，管理者在初期只是将闲置的资金用于赚取金融收益。但是，收益率的提高对投资者的吸引力不断增强，企业将原本用于生产经营的产业资本投放金融市场导致实业资本投资受到挤占。企业以逐利为目的投机行为导致资本错配，进而降低自身对实业资本的配置效率。另一方面，由于逐利的资本主要在金融市场内部流通，投资者获取投机收益并将收益进行再投资，最终导致资本分散到不同的投资者手中，并未流入实际生产经营领域，并不会提高企业的营业利润。同时，生产成本高和融资难度大等问题日益严重，导致企业的生产经营严重受损。收益减少和经营业绩降低使企业缺少进行扩大再生产的动力，以致企业进一步减少对实业的投资。最终，以实体部门业绩下降为起点的恶性循环进一步推进非金融企业金融化，导致企业因生产经营受阻而减少实业投资的份额。

表 7-3　控制不同固定效应模型的实证结果比较

变量	Pool 模型	(1)	(2)	(3)	(4)
常数项	19.617*** (1.280)	23.384*** (2.506)	20.147*** (2.402)	23.806*** (3.172)	23.688*** (3.132)
Finarate	-0.504*** (0.081)	-0.491*** (0.111)	-0.489*** (0.109)	-0.492*** (0.107)	-0.493*** (0.116)
Comb	-1.230*** (0.304)	-0.941** (0.314)	-0.837 (0.489)	-0.655 (0.493)	-0.649 (0.488)
Listage	0.476*** (0.023)	0.467*** (0.052)	0.461*** (0.050)	0.451*** (0.045)	0.454*** (0.054)
Cstock	0.036*** (0.008)	0.022* (0.011)	0.040** (0.017)	0.026*** (0.008)	0.027** (0.010)
Lnta	-1.751*** (0.103)	-2.002*** (0.177)	-1.775*** (0.173)	-2.006*** (0.198)	-2.007*** (0.201)
LOAR	0.044*** (0.007)	0.047*** (0.010)	0.037** (0.013)	0.040*** (0.012)	0.040*** (0.012)
NADR	0.479*** (0.094)	0.558*** (0.132)	0.405*** (0.109)	0.463*** (0.085)	0.463*** (0.108)
ROE	-0.090*** (0.009)	-0.088*** (0.013)	-0.080*** (0.015)	-0.079*** (0.011)	-0.079*** (0.014)
YYSR	-0.008** (0.004)	-0.007 (0.004)	-0.008 (0.008)	-0.007 (0.004)	-0.007 (0.005)
年份	否	是	是	否	是
行业	否	是	否	是	是
省份	否	否	是	是	是
观测值	21989	21989	21989	21989	21989
Adj. R^2	0.0466	0.0566	0.0665	0.0732	0.0734

注：括号内为标准差，***、** 和 * 分别表示在 1%、5%和 10%的水平上显著。

进一步分析主要控制变量对实业投资的影响：在控制不同固定效应的情况下 Listage 的影响均为正。由于企业成长需经历四个时期，上市年限较长的企业大部分已经度过初创期而处在成长或成熟的发展阶段，同时生产经营已经形成规模且相对稳定，有利于企业扩大实业生产进而增加对实业投资的需求。Lnta 对实业投资的影响为负，说明企业的总资产规模增加并不能提升实业投资水平。随着金融化水平不断提升，总资产中金融资产所占比重上升，挤占原本用于实际生产的实业投资。LOAR 与 NADR 的影响均为正，表明企业将债务融资转化为实业投资，有利于提高自身的生产经营能力。ROE 的影响为负，说明较高的净资产收益率可提升股东的收益水平。管理层增加对金融市场的投资用于满足股东的高收益要求，导致企业降低用于实际生产的投资规模。

（二）非线性关系分析

已有相关研究的结果均表明，金融化对实业投资的“抑制”和“促进”效应同时存在，并且最终表现为抑制占主导的影响效果。尽管控制不同固定效应模型的实证结果已证实非金融企业金融化对实业投资存在抑制影响，但是随着政府不断推进金融业改革开放，金融化水平将不断提高，本章需进一步验证金融化是否持续发挥抑制影响，即通过在模型中引入金融化水平的平方项进行验证，得到：

$$Invest_{jst}=\beta_0+\beta_1 Finarate_{jst}+\beta_2 Finaratesq_{jst}+x'_{jst}\gamma+\theta_j+\varphi_s+\tau_t+\varepsilon_{jst} \quad (7-5)$$

依据高维面板固定效应模型估计结果中 β_2 系数的显著性对 Finarate 与 Invest 间的非线性关系进行验证，具体的实证结果如表 7-4 所示。

表 7-4　非线性关系检验结果

变量	Pool 模型	控制不同固定效应的模型			
常数项	22.401*** (1.325)	25.892*** (2.709)	22.639*** (2.435)	26.096*** (3.450)	25.984*** (3.396)
Finarate	-2.076*** (0.212)	-1.939*** (0.253)	-1.874*** (0.171)	-1.796*** (0.268)	-1.800*** (0.243)
Finaratesq	0.146*** (0.018)	0.134*** (0.022)	0.129*** (0.018)	0.121*** (0.021)	0.121*** (0.021)
控制变量	是	是	是	是	是
年份	否	是	是	否	是
行业	否	是	否	是	是
省份	否	否	是	是	是
观测值	21989	21989	21989	21989	21989

续表

变量	Pool 模型	控制不同固定效应的模型			
R^2	0.0498	0.0605	0.0708	0.0774	0.0782
Adj. R^2	0.0494	0.0589	0.0686	0.0751	0.0753

注：Finaratesq 代表金融化水平的平方项，括号内为标准差，其中 *、** 和 *** 分别表示在 10%、5%和 1%的水平上显著。

表 7-4 为在控制不同固定效应的情况下在模型中添加金融化水平平方项的估计结果，Finaratesq 的系数显著为正，并且模型"U"型关系检验的 t 值为 4.06（P=0.000948），拒绝变量间单调或存在倒"U"型关系的原假设。进一步计算非线性模型的转折点并观察对应样本散落的区间发现，虽然转折点 7.433(99%的置信区间为[6.182，10.403])位于金融化指标的取值范围[0，13.137]内，但是转折点两侧的样本分布存在明显差异，其中位于低区间内的样本占比为 95.47%，而位于高区间内的样本占比仅为 4.53%，即我国绝大多数非金融企业的金融化与实业投资的关系位于"U"型曲线的左半支。可见，尽管"U"型关系检验的结果拒绝原假设，但是由于在转折点划分的区间内样本分布明显不均衡，说明在全样本范围内非金融企业金融化与实业投资间仍存在负向的单调关系，并不存在"U"型的非线性关系，因此非金融企业金融化最终表现为抑制企业进行实业投资。

(三)稳健性检验

企业的收益源于实际生产经营和金融相关投资两个方面，其中金融收益由投资净收益、公允价值变动净收益、汇兑收益的总和扣除对联营企业、合营企业的投资收益得到。本章通过计算金融收益在营业利润中的占比直接反映收益金融化(Finap)的程度(戴赜等，2018；吴军和陈丽萍，2018)，并作为替换变量得到稳健性检验的估计结果如表 7-5 所示。

表 7-5　稳健性检验结果

模型	变量	Pool 模型	(1)	(2)	(3)	(4)
不同固定效应	常数项	16.915*** (1.193)	20.695*** (2.423)	17.401*** (2.316)	21.015*** (2.940)	20.885*** (2.991)
	Finap	-1.292*** (0.183)	-1.225*** (0.147)	-1.148*** (0.198)	-1.098*** (0.135)	-1.109*** (0.162)

续表

模型	变量	Pool 模型	(1)	(2)	(3)	(4)
不同固定效应	观测值	21989	21989	21989	21989	21989
	Adj. R^2	0.0471	0.0570	0.0666	0.0732	0.0734
非线性关系	常数项	16.797*** (1.194)	20.590*** (2.398)	17.278*** (2.287)	20.889*** (2.927)	20.766*** (2.972)
	Finap	−1.651*** (0.245)	−1.619*** (0.212)	−1.514*** (0.344)	−1.527*** (0.181)	−1.526*** (0.225)
	Finapsq	0.170** (0.077)	0.187** (0.074)	0.174 (0.119)	0.203*** (0.065)	0.198** (0.069)
	观测值	21989	21989	21989	21989	21989
	Adj. R^2	0.0473	0.0572	0.0668	0.0734	0.0737
	控制变量	是	是	是	是	是
	年份	否	是	是	否	是
	行业	否	是	否	是	是
	省份	否	否	是	是	是

注：Finapsq 代表收益金融化水平的平方项，括号内为标准差，其中 *** 、** 和 * 分别表示在 1%、5%和 10%的水平上显著。

非金融企业的总利润中金融投资收益的占比越高，表现为金融化的发展趋势越明显。随着金融业高收益的吸引力不断提升，管理者受到调整投资决策以实现高利润的激励。本章对比两类金融化指标发现，资产金融化表现为企业将资产投向金融市场使产业资本的份额减少，而收益金融化则表现为企业的利润中来自金融收益的比重增加。

利用收益金融化代替资产金融化重新估计上述模型得到稳健的估计结果(见附表 4)，一方面，比较控制不同行业、省份和年份的固定效应模型的结果显示，同时控制三类固定效应模型的可决系数最高、模型构建最合理。尽管本章对金融化的界定和衡量方法不同，但仍可得到非金融企业金融化抑制实业投资的稳健结果。另一方面，进一步选取收益金融化指标重新估计如式(7-5)所示的模型，并对非金融企业金融化与实业投资的“U”型关系进行检验，其中 t 值为 0.27(P=0.398)，说明接受变量间存在单调关系的原假设。虽然实证结果中 Finapsq 的系数显著为正，并且转折点 3.849 落在数据范围[0, 4.135]内，但是位于高区间内样本的占比仅为 2.18%，同样说明非金融企业金融化与实业投资间并不存在“U”型的非线性关系。

可见，非金融企业收益金融化水平提高会促使企业增加金融投资而挤占实业投资。

第二节

非金融企业金融化抑制实业投资的补充研究

本章第一节通过实证分析验证了非金融企业金融化对实业投资存在负向影响。为进一步比较不同产权、行业和企业规模下非金融企业金融化对实业投资的影响，需通过分组检验明确不同分类性质下二者间的关系。由于对全样本进行分组回归得到的估计结果的置信区间存在重叠，两组回归的系数并不具有可比性，因此无法反映子样本估计结果的系数差异。为判断两组的系数差异是否在统计上具有显著性，学界通常采用引入交叉项的 Chow 检验、基于似无相关模型的检验和费舍尔组合检验等方法。本章参考 Cleary(1999)和连玉君等(2010)的方法在模型中引入交乘项以反映不同组别间估计系数的差异。

一、宏观经济政策的结构化影响分析

2012 年，我国开始密切关注经济发展中存在的问题并在第四次全国金融工作会议上将金融服务实体经济置于重要位置。

参考 Xu(2018)的方法通过设置虚拟变量 Reform 将全样本划分为两个子样本，该变量在 2012 年前取值为 0，反之则取 1，同时引入金融化与政策改革的交乘项(Finaratere)作为解释变量纳入模型用于深入分析宏观政策的出台和实施对金融化挤占实业投资的结构化影响，具体分组系数检验和虚拟变量回归的结果如表 7-6 所示。

表 7-6　政策实施的结构性影响

变量	组间差异检验		虚拟变量回归	变量	组间差异检验		虚拟变量回归[ ]
	政策实施前	政策实施后			政策实施前	政策实施后	
常数项	24.120*** (7.65)	24.200*** (6.60)	23.670*** (3.194)	Lnta	−1.857*** (−10.08)	−2.148*** (−8.57)	−2.004*** (0.197)
Finarate	−0.593*** (−3.41)	−0.429*** (−4.75)	−0.635*** (0.137)	LOAR	0.038*** (3.54)	0.043** (2.30)	0.039*** (0.012)
Finaratere			0.240** (0.104)	NADR	0.379 (1.15)	0.539** (2.91)	0.464*** (0.085)
Comb	−0.640 (−1.16)	−0.653 (−1.26)	−0.650 (0.498)	ROE	−0.058*** (−3.54)	−0.099*** (−6.24)	−0.080*** (0.011)
Listage	0.410*** (7.98)	0.467*** (9.89)	0.455*** (0.047)	YYSR	−0.011* (−1.87)	−0.003 (−0.59)	−0.007 (0.004)
行业	否	否	是	Cstock	0.001 (0.05)	0.044*** (3.65)	0.027*** (0.009)
省份	否	否	是				
观测值	9779	12210	21989	经验 P 值	0		
Adj. R^2	0.067	0.088	0.076				

注：组间差异检验结果括号内为 t 值，虚拟变量回归结果括号内为稳健标准差，***、**、* 分别表示在 1%、5%和 10%的水平上显著。

从表 7-6 的结果来看，组间系数检验的经验 P 值为 0，说明在政策实施前后非金融企业金融化对实业投资的影响存在差异。在模型中以乘法形式引入交叉项 Finaratere 的系数均显著，能够反映政策实施前后非金融企业金融化对实业投资的影响差异，影响系数为由政策实施前的−0.653 变为政策实施后的−0.413(−0.653+0.240)，说明非金融企业金融化对实业投资的阻碍程度有所下降，并且金融化的挤占作用在政策实施前后发生结构性变化。

可见，政府出台的金融支持实体经济的政策已取得效果，能够降低金融投资对实业投资的挤占力度。政策从制定到在金融机构、非金融企业中落实需要经历调整和反馈的过程，使金融化对实业投资的抑制只表现为实业投资小幅度降低。因此，政策实施能够有效增强金融部门精准支持实体经济的力度，但政策效力的发挥存在明显时滞。

二、行业异质性的影响分析

不同于黄群慧(2017)的按级累加式分类方法，本章为避免各级分类出现重叠将全样本分为第一产业、第二产业和非金融服务业(周彬和谢佳松，2018)三种类别：一方面，由于受到组间系数差异检验方法的限制，将全样本划分为第二产业和非第二产业两组进行实证分析，并通过设置单一虚拟变量(企业属于第一产业则取值为0，否则取值为1)和引入虚拟变量与金融化指标的交乘项(FinarateD)以反映系数差异。另一方面，进一步引入两个虚拟变量(第一产业为基础组取值为0，当企业分别处在第二产业、非金融服务业则取值为0)，并在模型中引入虚拟变量与金融化指标的交乘项以反映第二产业、非金融服务业与第一产业的影响效果差异。

依据如表7-7所示的实证结果可知，组间差异检验的结果显著，彰显出非金融企业金融化对实业投资的抑制作用在第二产业和非第二产业的企业间存在差异。模型(1)得到金融化的影响系数分别为-0.578和-0.370(-0.578+0.208)，说明第二产业内部企业金融化对实业投资的抑制影响更严重。制造业作为第二产业的核心，该行业内上市公司的数目占比达64.07%，并且作为典型的实体行业相较于非金融服务业更容易受金融化水平提高的影响。模型(2)能够突出反映金融化影响的行业异质性，三大产业所对应企业金融化的影响系数依次为-1.241、-0.575(-1.241+0.666)和-0.363(-1.241+0.878)，表现为第一产业非金融企业金融化对实业投资的抑制程度最高，第二产业次之，而非金融服务业的抑制程度最轻。

表7-7　行业异质性研究的实证结果

单虚拟变量回归		双虚拟变量回归	
常数项	23.74*** (1.348)	常数项	23.959*** (3.236)
Finarate	-0.578*** (0.101)	Finarate	-1.241*** (0.334)
FinarateD	0.208 (0.149)	Finaratese	0.666** (0.290)
		Finarateth	0.878** (0.340)

续表

单虚拟变量回归		双虚拟变量回归	
控制变量	是	控制变量	是
年份	是	年份	是
行业	是	行业	是
省份	是	省份	是
观测值	21989	观测值	20964
Adj. R^2	0.076	Adj. R^2	0.075

注：括号内为标准差，***、** 和 * 分别表示在 10%、5%和 1%水平上显著。

本章详细分析非金融企业金融化抑制实业投资的产业异质性，首先，第一产业以农、林、牧、渔业为主，归属于该产业的企业主要将资金用于相关农产品的生产，较少参与金融市场的投资活动。与大型工业和制造业企业相比，农业企业的相对规模较小且并不具备资金优势。由于金融资产在农业企业总资产中的份额较少，金融化水平提高将挤占大量用于农业生产的实业投资。第一产业企业将资金用于金融投资后缺乏快速恢复资金供给的能力，所以其受金融化抑制的程度最深。其次，制造业企业相较于农业、服务业企业在购买和更新设备、厂房等方面的投资更多，其呈现金融化的发展趋势将导致企业因必要的实业投资受到挤占而阻碍生产经营。同时，由于制造业企业的生产周期较长，内部资金流通的时间较长、周转速度较慢，并无法在短时间内获得收益，因此其利润率水平低于服务业企业，金融化的抑制程度明显强于服务业。最后，非金融服务业企业的运营以提供服务为主，而较少参与实际产品的生产，所以持有产业资本的比重相对较小。服务业企业自身并不需要过多参与与实业相关的投资，所以金融化的抑制程度最低。分行业的实证结果表明，非金融企业金融化对实业投资的影响存在明显的行业异质性，其中，第二产业企业在总样本中占比较大，说明我国传统实体企业的实业投资受损严重。企业应合理控制自身的金融化水平，并将发展重心回归主业。

三、产权性质的异质性影响分析

由于我国国有企业的数量较多，本章将全样本按产权性质分组对组间系数差异进行检验，并在模型中纳入金融化与产权性质的交乘项（Finaratep）进行虚拟变量回归(杜勇等，2018；刘伟和曹瑜强，2018)。

由表7-8所示的结果可知，国有企业与非国有企业的组间系数具备显著差异。而抑制程度的具体差异由虚拟变量回归得到，其中非国有企业金融化的系数为-0.355，国有企业金融化的系数为-0.951(-0.355-0.596)，并且二者均具有显著性。可见，不同产权性质的非金融企业金融化均阻碍实业投资，并且抑制程度在国有企业中表现得更强。

表7-8　不同产权性质分类下非金融企业金融化影响实业投资的实证结果

变量	组间差异检验		虚拟变量回归	变量	组间差异检验		虚拟变量回归
	国有企业	非国有企业			国有企业	非国有企业	
常数项	29.44*** (13.09)	21.23*** (11.56)	24.191*** (3.113)	Cstock	0.066*** (0.017)	0.005 (0.009)	0.025** (0.010)
Finarate	-1.049*** (-6.20)	-0.256*** (-2.88)	-0.355** (0.131)	Lnta	-2.375*** (0.254)	-1.880*** (0.152)	-2.053*** (0.201)
Finaratep			-0.596** (0.199)	LOAR	0.048 (0.028)	0.030*** (0.007)	0.038** (0.013)
Property			1.238** (0.549)	NADR	0.495*** (0.127)	0.307 (0.174)	0.458*** (0.109)
Comb	-2.531** (0.906)	-0.026 (0.285)	-0.516 (0.485)	ROE	-0.053** (0.018)	-0.096*** (0.016)	-0.081*** (0.014)
Listage	0.332*** (0.047)	0.571*** (0.082)	0.438*** (0.059)	YYSR	-0.010 (0.009)	-0.004 (0.007)	-0.006 (0.005)
年份	否	否	是	观测值	9880	12109	21989
行业	否	否	是	Adj. R^2	0.0834	0.0899	0.074
省份	否	否	是	经验P值	0		

注：括号内为标准差，***、**和*分别表示在1%、5%和10%水平上显著。

由于受金融结构和资金流向的限制，国有企业和非国有企业在融资方面存在差异。本章进一步分析这种差异形成的原因：一方面，信用水平差异直接影响企业的评级，造成融资难度存在差异。国有企业的资信状况相较而言胜过非国有企业，并且依靠国家信用作为担保更容易获得较高的评级；而非国有企业存在经济实力差、资金利用效率低和还款能力不足等问题会对银行发放资金的安全性造成威胁。金融机构为企业融资会参考企业的资产规模、信用水平和评级等因素作为参考，并对企业进行评估和筛选以保证资金安全。为降低由于信息不对称带来的违约风险，银行首先会考虑自身盈利目标的实现，这会影响针对非国有企业的信贷业务和利率水平。另一方面，分析资金的用途发现，国有企业除将资金用于正常经营外也追求资本的保值增值以提高收益水平。由于国有企业需履行更多政治、经济责任，背负就业安置、环境保护和自主创新等社会责任，管理者倾向进行短期、高收益的金融投资；而非国有企业的资金除生产经营外主要用于清偿债务和再融资，为解决企业内部资金流动性偏紧的问题，通常会因考虑融资的紧迫性不得已放弃融资成本、规模和期限等因素的考虑而选择高成本和高风险的融资。

可见，国有企业处在相对宽松的融资环境中，会削弱自身的预防动机，并通过发挥融资和资金优势将充足的资本投放到金融市场，进一步加深自身的金融化程度；而非国有企业因受自身资产规模和运作能力的约束而不能有效利用自有资金获得较高收益。在综合考虑多种因素的基础上，金融机构作为理性的资金供给方会优先将资金贷给拥有高信用评级、低逾期和违约风险的国有企业。

四、企业规模异质性的影响分析

为避免全样本的回归结果掩盖金融化对不同规模企业实业投资影响的差异，一方面，本章将企业划分为大型企业和中小型企业采用分组回归的方法以验证金融化影响在组间存在差异的显著性，并设置反映大型与中小型企业系数差异的单一虚拟变量(大型企业为基础组则虚拟变量取值为0，否则取值为1)和在模型中引入虚拟变量与金融化指标的交乘项(Finaratest)反映系数差异；另一方面，本章将企业划分为大型、中型和小型企业，并分别设置反映大型企业与中型企业、小型企业与中型企业系数差异的虚拟变量(中型企业为基础组则虚拟变量取值为0，分别为大型和小型企业时取值为1)，进一步在回归模型中引入不同虚拟变量与金融化的交乘项以对比非金融企业金融化对实业投资的抑制程度在不同规模企业间的差距。

由表7-9的结果可知，组间系数差异通过显著性检验，说明金融化的影响在大型和中小型企业间存在显著差异。模型(1)的实证结果中大型、中小型企业金融化的影响系数分别为-0.559和0.184(-0.559+0.743)，表明非金融企业金融化对实业投资的影响在不同规模企业间产生相反的效果。模型(2)的实证结果中大型企业金融化的影响系数为-0.552(-0.006-0.546)，对实业投资的抑制程度最深；中型企业金融化的影响系数为-0.006，对实业投资的抑制影响不显著；而小型企业金融化的影响系数为2.437(-0.006+2.433)，能够显著正向促进实业投资。可见，金融化对不同规模企业实业投资的影响具有异质性。

表 7-9　不同企业规模分类下非金融企业金融化影响实业投资的实证结果

变量	组间差异检验		虚拟变量回归	虚拟变量回归	
	大型企业	中小型企业	(1)	变量	参数
常数项	18.69*** (4.62)	34.38*** (5.05)	23.038*** (3.391)	常数项	22.820*** (3.368)
Finarate	-0.425*** (-3.48)	-0.453 (-1.52)	-0.559*** (0.152)	Finarate	-0.006 (0.175)
Finaratest			0.743*** (0.326)	Finaratestbig	-0.546* (0.274)
				Finaratestsma	2.433** (1.010)
控制变量	是	是	是	控制变量	是
年份	否	否	是	年份	是
行业	否	否	是	行业	是
省份	否	否	是	省份	是
观测值	19238	2751	21989	观测值	21989
Adj. R^2	0.0759	0.136	0.074	Adj. R^2	0.074
经验P值	0				

注：Finaratestbig和Finaratestsma的系数分别反映大型、小型企业与中型企业的差异，控制变量相关估计结果见附表5和附表6，括号内为标准差，***、**和*分别表示在1%、5%和10%的水平上显著。

企业的信用水平、抗风险能力及融资方式和能力等直接与企业的规模相关联。一方面，不同规模企业的自有资金水平存在差异。大中型企业相较于小微企业具有资金存量优势，不仅可维持生产经营和参与金融市场投资，也可进行技术创新和人才引进，进一步通过高效生产赚取利润为扩大规模提供资金保障。另一方面，不同规模企业的融资渠道和难度存在差异。大中型企业应对风险的能力较强且信用评级较高，在资金周转时更容易获得金融机构的资金支持，并能够借助向银行融资和民间集资等多种渠道进行融资。小型企业的资金主要源于发起人投入和利润再投入，在争取外部融资时面临原有融资方式萎缩、转型和脱离职能等难题。由于缺乏稳定现金流、财务杠杆率高、贷款违约风险大，小型企业在借贷市场融资并不具有竞争优势。

在资金和融资优势的双重作用下，大中型企业的发展因金融投资的比重不断上升呈金融化趋势，逐步挤占实业投资的份额。小型企业可投资对资金要求相对较低的领域，并通过提供高质量、专业和精细的产品和服务来避免与大企业形成竞争。此外，小型企业迫于生存压力具有较高的生产积极性，并且可针对消费者的个性需求对产品进行创新。但是，小型企业发展仍面临多重困难，影响了金融化对实体经济促进作用的发挥。小型企业在发挥自身优势进行专业化生产的同时应与大中型企业建立协作关系，弱化企业间竞争，逐步形成合作共赢的局面。

本章小结

本章具体到微观层面分析非金融企业金融化对实业投资的影响。本章第一节利用高维面板固定效应模型进行分析得到如下结果：一方面，同时控制年份、行业和省份固定效应的模型的拟合效果最好，并且得到金融化抑制实业投资的实证结果；另一方面，估计引入金融化水平平方项的模型发现，金融化与实业投资间并不存在“U”型的非线性关系。由于样本内绝大多数企业金融化的水平并未突破转折点，金融化与实业投资间的关系主要位于“U”型曲线的左半支，金融化主要表现为对实业投资产生抑制影响。

本章第二节在证实金融化抑制实业投资后，进一步对该效应进行补充分析。为保证分组回归的系数可比，本章在模型中引入不同类型的虚拟变量与金融化指标的交乘项用于反映抑制效应在组间的差异：一方面，我国自 2012 年起实施金融支持实体经济的政策已取得明显效果，能够有效降低非金融企业金融化对实业投资的抑制程度。另一方面，深入考虑不同行业、产权和企业规模分类下非金融企业金融化对实业投资抑制效应的差异，并通过实证分析发现第二产业相较非第二产业、国有企业相较非国有企业、大型企业相较中小型企业金融化挤占实业投资影响的程度更深。

第八章

结语

CHAPTER 8

第一节

主要结论

一、金融化与实体经济的测度及波动特征

我国经济金融化的水平不断提高并在金融部门和企业、家庭、政府等非金融部门间传导，使各部门均表现出金融化的发展趋势。本书综合考虑各部门的因素以完成对金融化水平的测度，并分析金融化与实体经济的波动特征：一方面，选取代表金融、保险和房地产等市场的子指标并利用 SVAR 模型和 TVP-VAR 模型确定综合指标的静态和动态权重以完成对金融化水平的测度，进一步对比两类综合指标发现由动态权重构造的综合指标能够更精确地测度金融化水平，并可预判实体经济的发展态势；另一方面，将金融化与实体经济指标划分为高水平、适度、低水平三区制，并应用 MS-AR 模型分析二者的波动特征发现，金融化和实体经济的波动具有区制依赖性，并且两类指标的发展存在惯性，容易受滞后一期发展水平的影响。

二、金融化影响实体经济的结论

本书基于宏观视角分析金融化对实体经济的影响得到如下结论：一方面，率先利用 Lasso 回归筛选影响实体经济增长的因素构建模型，并利用交叉验证法来确定最优的调节参数和证实金融化抑制实体经济增长的结果。为避免全样本的估计结果掩盖不同阶段金融化的影响差异，本书以 2012 年为节点进行分阶段实证回归发现，政府通过出台政策并配合实施供给侧结构性改革提高金融支持实体经济的精准性，使二者间的关系由负向抑制逐步转为正向促进。

另一方面，MS-VAR 模型的实证结果表明，金融化对实体经济的影响由

滞后一期的负向转变为滞后两期的正向影响，二者间呈非对称性。本书分析区制性质发现，金融化水平维持本区制状态的概率较大，而向其他区制转移的概率较小，说明经济运行具有稳定性和平滑性；金融化处于低水平状态的概率最高、持续时间最长，说明我国金融化仍处在较低的水平。虽然脉冲响应结果表明，低水平和适度水平的金融化对实体经济的影响均由正向转变为负向并逐步收敛，但是适度金融化的促进效应持续的时间相对较长，而高水平金融化的抑制影响约持续 6 期才转变为正向影响。目前，我国金融化主要处在低水平状态，政府已采取措施加大金融业对实体部门的支持力度，并在助力推进金融业发展的同时避免金融化过度发展而起到相反作用。

三、金融化影响实体经济的区域差异结论

基于中观视角分析金融化对实体经济的影响得到如下结论：随着金融资源在区域内集聚，金融化的发展趋势日益明显并对不同区域的实体经济增长产生影响。一方面，本书分别进行全样本和分区域样本的面板门槛模型估计，用于对比金融化影响实体经济的区域差异。基于全国样本的实证结果表明，低水平外商企业投资作为国内金融资源的补充，二者共同发挥促进实体经济的作用。但随着外商企业投资对金融资源的挤占程度不断加深，金融化对实体经济的促进作用逐步下降；分区域的实证结果表明，东部和西部地区适度引进外商企业投资有利于金融化对实体经济发挥促进作用，而外商企业投资过度流入会抵消部分金融化对实体经济的促进效果。中部地区可适当放松对外商企业投资的限制，合理控制外商企业投资引入的比例以作为国内金融资源的补充共同为实体部门提供资金支持。可见，在外商企业投资门槛效应下，金融化对实体经济的影响具有明显的区域不平衡性。

另一方面，本书通过构建空间面板计量模型进行金融化影响实体经济的空间溢出效应分析。首先，对比时空权重矩阵与被解释变量矩阵的有效相关性发现，基于球面距离空间权重构建的时空权重矩阵与实体经济矩阵的相关系数最大，可作为优选的时空权重纳入模型；其次，依据非空间和空间计量模型间的关系施加约束条件并检验，最终选定 SAC 个体固定效应模型进行实证分析；最后，分解 SAC 模型的空间溢出效应发现，金融化影响实体经济的直接和间

接效应均为正，可提升本地区和邻近地区的实体经济增长水平。控制变量对实体经济增长的影响存在差异，其中提高人力资本和城镇化水平、增加政府部门的最终消费支出能够促进实体经济增长，而第三产业占比增加和过度引进外商企业投资起到反向抑制作用。

四、非金融企业金融化影响实业投资的结论

基于微观视角分析非金融企业金融化对实业投资的影响得到如下结论：本书测算非金融企业金融化的程度并利用高维面板固定效应模型进行实证分析发现，一方面，在同时控制年份、行业和省份异质性的情况下，金融化抑制非金融企业进行实业投资。样本内绝大多数企业金融化的水平并未突破“U”型关系检验的转折点，金融化与实业投资间的关系位于“U”型曲线的左半支，即金融化主要表现为抑制企业进行实业投资。

另一方面，在确定金融化抑制实业投资后，本书进一步对该影响效应进行补充分析。我国金融支持实体经济的政策在2012年前后表现出明显的结构性变化，并且政策实施的效果明显，可有效降低金融化对实业投资的抑制程度；抑制效应因企业所属行业、产权性质和规模不同而存在差异，其中组间系数差异检验的结果均显著，具体表现为第二产业相较非第二产业、国有企业相较非国有企业、大型企业相较中小型企业金融化挤占实业投资的影响更严重。

第二节

对策建议

一、便利非金融企业融资的对策建议

（一）完善金融体系发展，解决小微企业融资难题

小微企业的发展有利于吸纳就业、提升消费动力和带动科技创新，政府应

通过提供有针对性的金融服务来推动小微企业的发展。首先，政府在成立担保基金的同时应加大失信惩罚力度，进而能够通过深化社会信用体系建设和便利信息共享提高金融机构与小微企业间的信息透明度。其次，我国不仅应对股票和债券市场进行改革创新以形成多元化的直接融资平台，还应适当降低金融机构的设立条件以完善间接融资体系，从而能够为企业进行直接和间接融资提供便利。最后，政府可通过鼓励企业提高生产率减少要素投放以降低生产成本、进行制度改革以降低交易成本、为企业提供财政支持和增加税收优惠以降低税收成本等方式增加企业的竞争优势。

（二）调整金融信贷制度，规范民间借贷行为

由于我国信贷政策收紧，信贷资金的供给减少，使企业不得不通过民间借贷进行融资。监管部门要加强风险监测，特别是通过加强互联网金融和民间资本的监管工作用以规范民间投融资系统的发展。由于民间借贷等金融平台存在较高的借贷风险，企业作为资金的需求方应通过规范的融资渠道获得资金支持；银行等金融机构作为资金的供给方不仅要加大对资金账户的监督和增强对金融风险的防范以预防信贷危机的发生，而且要关注实体企业的资金需求并匹配有效的融资方式来提高资金支持的精准性。

（三）发展供应链金融，为企业融资提供新渠道

供应链金融作为联系中小企业与金融机构、信贷平台间的纽带，既能解决企业融资难的问题，也能通过战略合作保证供应链平衡发展。行业巨头和大型国有企业作为整个供应链中的核心企业，可发挥其资金优势、行业影响力和管控风险的能力为供应链上下游的企业提供金融扶持，最终推动整个供应链上相关行业的发展。传统金融存在只提供融资的弊端，而供应链金融作为金融服务实体经济的新渠道，能够通过供应链建立起各方间的联系有利于中小微企业从中获利。

（四）促进行业间产融结合，降低企业的融资约束

产融结合可建立起实业板块和金融板块内部或板块间的联系。首先，资本融合的双方能够实现信息共享，并通过降低相关交易的费用和风险为资金融通提供便利。其次，产融双方持有资产的种类、规模不同并对资本的需求存在差异，产融结合可实现不同类型资本的优势互补以提高资金供给的精准性和融资效率。最后，产融结合同时涉及产业部门和金融部门，政府在促进两部门合作的同时需加强监管，对投机性的金融行为进行监管和调控。因此，在准确追踪企业资金投向的基础上，政府应通过规范非金融企业的金融相关投资防范投机性投资对实业投资的挤占。

二、促进区域协调发展的对策建议

(一)推行差异化的金融政策，缩小金融资源的区域差异

由于金融资源的分布在地区间存在差异，我国应推行差异化的金融政策实现金融资源的跨区域配置，并积极应对因金融化水平不同而导致实体经济增长水平悬殊问题。东部地区的金融制度和市场发展已相对成熟，有利于金融资源在区域内集聚。政府可通过制定优惠政策吸引东部地区的资金投向中西部地区，同时通过加强欠发达地区的金融基础设施建设来提升地方金融市场的服务质量。为避免区域内金融集聚对邻近地区产生负向的溢出效应，我国需进一步推动金融创新和加强区域合作以突破地域对金融发展的限制，并推动低水平地区进行金融制度的改良和金融产品的创新。金融创新的正向溢出效应可带动邻近地区的经济增长，最终缩小实体经济增长水平的区域差异。

(二)优化城市群的功能，注重提升实体经济实力

城市群作为经济发展到一定阶段的产物，并非城市简单的相加，而是城市间基于不同的分工建立起联系并发挥扩散作用。城市群的形成伴随资源、人口、产业和要素的集聚，并通过合理优化结构和配置资源实现人才交流和资金、信息共享。城市群发展到一定规模后，政府会通过提升功能达到建设高质量城市群的目的。在城市群内部，大城市发挥其要素、高端服务和技术的优势起到引领作用，而中小城市借力补齐短板发挥自身优势和特色，最终形成大、中、小城市协调发展的新格局。现阶段，我国形成中心城市引领城市群发展，并进一步带动区域发展的新模式，有利于通过推动区域间融合互动发展实现短期稳增长和长期优化城市与区域结构的目标。城市群作为信息共享、产权和金

融交易的平台，通过发挥分工、共享和分摊等效应可实现不同城市实体经济的协同发展。

（三）提高城市化与产业化的匹配度，形成“产城融合”的发展模式

产业集群借助产业内部分工细化、地缘邻近和产业集聚带来的规模效应等优势实现产业发展与区域经济发展间的联动，最终促进产业合理布局和区域经济集约高效发展。“产城融合”是将城市与产业集群结合，逐步形成以城市为基础、以产业为保障的发展模式。在对城市功能和产业发展精准定位与规划的基础上，政府推行“产城融合”的新战略，既有利于通过土地集约化和产业集聚优化城市空间发展的布局，也有利于将资源用于优势产业和新兴产业以构建现代化的产业体系。“产城融合”的形成不仅可避免城市空心化，还可借助产业集群的优势形成“以产促城、以城兴产”的产业与城市相互促进的发展模式。

（四）避免金融体系恶性竞争，提高资金的利用效率

金融体系的竞争主要发生在各类型的金融市场间，通常会降低经济主体对资金的利用效率。特别是过度竞争不仅会降低金融资源的流动性而导致金融资源在区域间分布不均衡，还会变相增加资金借贷方的融资成本，最终导致金融化难以发挥对本地区和邻近地区实体经济增长的促进作用。政府应加快金融业改革和发展多元化的金融市场以完善金融市场体系，同时在进行改革时不应忽视民间资本的作用。此外，加强地方政府间的交流与合作有利于为地区间融资提供良好的环境，从而能够弱化地区间金融化的竞争效应以提高资金的跨区域利用效率。

三、助推金融支持实体经济的对策建议

（一）有效实施供给侧结构性改革，精准服务实体经济

党的十九大报告指出，供给侧结构性改革以发展实体经济为着力点。为重振实体经济，我国不仅需降低制度性交易成本、突破要素市场化配置的限制和营造良好的营商环境激发市场活力，而且需要应用新经济结构、新管理架构和

新开放格局对传统行业进行改造和升级，最终实现以高质量供给匹配消费升级的需求。由于旧动能已经不能起到推动经济高质量发展的作用，我国应通过进行现代服务业改革、创造有效供给、金融科技创新和挖掘新动能等方式促进实体经济增长。

(二)合理把握“去杠杆”的力度和节奏，避免快速降杠杆引发风险

金融部门与实体经济的高杠杆率，不仅会使资产泡沫化而提高金融机构的风险，而且会加重实体部门的债务负担进而降低其盈利能力。我国应合理控制金融部门和实体经济的杠杆水平，并结合杠杆形成的原因采取稳妥的措施“去杠杆”。其中，金融部门应通过压缩同业业务和提高获取资金的成本以降低资金的流动性；而实体部门的重心应放在控制僵尸企业的融资需求和加强房地产市场调控，以防止由于房价泡沫破裂引发的风险。我国在推行“去杠杆”时，一方面，由于金融支持实体经济本质上是通过杠杆完成，因此经济体系内需保留适度杠杆；另一方面，由于过度“去杠杆”会对金融、实体经济特别是民营经济产生较大的负面影响，我国要合理把握“去杠杆”的力度和节奏，既要避免快速降杠杆引发风险，也要通过优化杠杆实现金融支持实体经济的目标。

(三)完善金融监管体系，为实体经济创造环境

随着金融管制逐渐放宽，金融体系风险因金融工具、产品创新和受到国外资本冲击而产生，并随着金融同业和跨业之间的密切往来加速传导。我国需进一步加强监管，并形成科学有效的监管制度和体系以降低金融体系的风险。我国的金融监管体制经历多次变革，从实行中国人民银行单一管理到“一行三会”分业监管，再到如今的“一行一局两会”(中国人民银行、国家金融监督管理总局、中国证券监督管理委员会和中国银行保险监督管理委员会)。其中，中国人民银行发挥主导作用，主要负责弥补监管空白和修正监管规则，同时增强金融监管机构间的协调性以提高处置风险的效率；而各金融分管机构在负责本行业稳健运行的前提下维护金融稳定。

(四)促进金融科技创新，拓宽金融服务实体经济路径

金融科技作为新兴行业，拥有业务类型和服务模式多样化的特点。大数

据、人工智能、云计算、区块链等技术在投资决策和风险、运营管理，以及智能金融理财等金融领域的应用，加快了传统金融行业进行科技化转型的步伐。其中，在金融领域应用较为广泛的区块链技术利用可靠的信用机制为金融机构投资、贷款提供真实和有效的信息，不仅有利于降低金融机构服务实体经济的风险，还能够将资金精准对接实体部门以避免资金在金融体系内空转而有效解决资金脱离实体经济的问题。

（五）谨慎推进金融业改革开放，避免金融业过度发展

由于金融业开放可能会提高我国金融风险防控的复杂性，因此我国需建立健全与其相匹配的风险监管体系。随着大量外资涌入国内市场，资金规模在短期内可能会超过实体经济和资本市场的吸纳能力造成经济体系的波动。尽管我国的实体经济增长可获得资金支持，但同时要面临外资对国内投资挤占和国内企业融资风险增加的问题。因此，政府和金融监管机构应营造良好的投资环境和提供稳定的投资市场以更有效地吸引外资，并依据经济发展水平判断我国金融开放的程度以避免盲目追求开放造成严重的后果。政府参与、指导金融业改革开放应提前预判风险，并通过制定配套的政策和加强监管来应对冲击，以在逐步开放的过程中加强对风险的防控和对金融体系的监管。

第三节

研究展望

关于金融化与实体经济间关系的研究存在多元视角，本书从金融化综合指标测算、金融化影响实体经济和非金融企业金融化影响实业投资等角度进行分析，未来可以在以下方面展开研究。

第一，中央依据不同的经济形势制定并颁布货币政策，运用不同类型的政策工具对中介指标产生影响并将政策效果传导至金融体系。随着金融机构建立起资金供给与需求间的联系，经济主体通过资金借贷增加收益和财富，并改变自身的投资和消费行为，最终带动实体经济的规模变化。因此，未来可分析中

央银行采取宽松或紧缩货币政策进行宏观调控时，不同货币政策手段实施后金融化水平发生的变化及金融化对实体经济增长的影响。

第二，粤港澳大湾区作为我国新区域发展战略中经济、金融发展的高级城市群，是未来分析金融化对实体经济的空间溢出效应时不可忽视的关键区域。

第三，本书的微观视角主要研究非金融企业金融化对企业实业投资规模的影响，未来可综合考虑企业的生产经营成本和收益情况并对实业投资的效率进行测算，从而进一步分析企业金融化对实业投资效率的影响。

参考文献

[1] Aizenman J, Pinto B, Sushko V. Financial Sector Ups and Downs and the Real Sector in the Open Economy: Up by the Stairs, Down by the Parachute[J]. Emerging Markets Review, 2013, 16: 1-30.

[2] Amisano G, Giannini C. Topics in Structural VAR Econometrics[M]. 2nd. Heidelberg Springer-Verlag, 1997.

[3] Anselin L. Lagrange Multiplier Test Diagnostics for Spatial Dependence and Spatial Heterogeneity[J]. Geographical Analysis, 1988, 20(1): 1-17.

[4] Anselin L. Spatial Econometrics: Methods and Models[M]. Netherlands: Springer, 1988.

[5] Anselin L, Gallo J L, Jayet H. Spatial Panel Econometrics[M]. Kluwer Academie Publishers, Pordrecht, Netherland, 2008: 98-116.

[6] Arrighi G. The Long Twentieth Century: Money, Power, and the Origins of Our Times[M]. Verso, 1994.

[7] Arrow K J, Debreu G. Existence of an Equilibrium for a Competitive Economy[J]. Econometrica, 1954, 22(3): 265-290.

[8] Baltagi B H, Li D. Prediction in the Panel Data Model with Spatial Correlation [M]//Advances in Spatial Econometrics: Methodology, Tools and Applicatio. Berlin, Heidelberg: Springer Berlin Heidelberg, 2004: 283-295.

[9] Barradas R. Financialisation and Real Investment in the European Union: Beneficial or Prejudicial Effects? [J]. Review of Political Economy, 2017, 29(3): 376-413.

[10] Belloni A, Chernozhukov V, Hansen C. Inference on Treatment Effects after Selection among High-Dimensional Controls[J]. The Review of Economic

Studies, 2014, 81(2): 608-650.

[11] Bernanke B, Gertler M, Gilchrist S. The Financial Accelerator in a Quantitative Business Cycle Framework [M]//Taylor J B, Woodford M (ed.), Handbook of Macroeconomics Amsterdam: Elsevier, 1999.

[12] Brave S, Butters R A. Monitoring Financial Stability: A Financial Conditions Index Approach[J]. Economic Perspectives, 2011, 35(1): 22-43.

[13] Brealey R, Leland H E, Pyle D H. Informational Asymmetries, Financial Structure, and Financial Intermediation [J]. The Journal of Finance, 1977, 32(2): 371-387.

[14] Cecchetti S G, Kharroubi E. Reassessing the Impact of Finance on Growth[R]. BIS Working Papers, 2012.

[15] Chukwu J O, Agu C C. Multivariate Causality Between Financial Depth and Economic growth in Nigeria[J]. African Review of Money Finance and Banking, 2009: 7-21.

[16] Cleary S. The Relationship between Firm Investment and Financial Status[J]. The Journal of Finance, 1999, 54(2): 673-692.

[17] Davis L E. Financialization and the Nonfinancial Corporation: An Investigation of Firmlevel Investment Behavior in the U. S. 1971 - 2011 [R]. UMASS Amherst Economics Working Papers, 2013.

[18] Davis L E. Identifying the "Financialization" of the Nonfinancial Corporation in the U. S. Economy: A Decomposition of Firm-level Balance Sheets[J]. Journal of Post Keynesian Economics, 2016, 39(1): 115-141.

[19] Deidda L, Fattouh B. Banks, Financial Markets and Growth[J]. Journal of Financial Intermediation, 2008, 17(1): 6-36.

[20] Demir F. Financial Liberalization, Private Investment and Portfolio Choice: Financialization of Real Sectors in Emerging Markets [J]. Journal of Development Economics, 2009, 88(2): 314-324.

[21] Diamond D W. Financial Intermediation and Delegated Monitoring[J]. Review of Economic Studies, 1984, 51(3): 393-414.

[22] Diamond D W, Dybvig P H. Bank Runs, Deposit Insurance, and

Liquidity[J]. Journal of Political Economy, 1983, 91(3): 401-419.

[23] Dubé J, Legros D, Thériault M, et al. A Spatial Difference-in-Differences Estimator to Evaluate the Effect of Change in Public Mass Transit Systems on House Prices[J]. Transportation Research Part B: Methodological, 2014, 64: 24-40.

[24] Ductor L, Grechyna D. Financial Development, Real Sector, and Economic Growth[J]. International Review of Economics & Finance, 2015, 37: 393-405.

[25] Duménil G, Lévy D. Costs and Benefits of Neoliberalism. A class analysis[J]. Review of International Political Economy, 2001, 8(4): 578-607.

[26] Efron B, Hastie T, Johnstone L, et al. Least angle regression, The Annals of statistics, 2004, 32(2): 407-499.

[27] Elhorst J P, Freret S. Evidence of Political Yardstick Competition in France Using a Two-Regime Spatial Durbin Model with Fixed Effects[J]. Journal of Regional Science, 2009, 49(5): 931-951.

[28] Elhorst J P, Vega S H . On Spatial Econometric Models, Spillover Effects, and W [R] . European Regional Science Association Conference Papers, 2013.

[29] Epstein G A. Introduction: Financialization and the world economy[M]. Financialization and the World Economy Edward Elgar Publishing, 2005: 3-16.

[30] Friedman M, Schwartz A J . A Monetary History of the United States, 1867-1960[M]. Princeton Princeton Unirersit Press, 1963.

[31] Goldsmith R W. Financial Structure and Development[M]. New Haven: Yale university Press, 1969.

[32] Goodhart C, Hofmann B. Asset Prices, Financial Conditions, and the Transmission of Monetary Policy [C]//Conference on "Asset Prices, Exchange Rates, and Monetary Policy", Stanford University, 2001: 2-3.

[33] Grosfeld I . Financial Systems in Transition[M]//Gupta K L. Experiences with Financial Liberalization. Berlin: Springer, 1997.

[34] Guimarães P, Portugal P . A Simple Feasible Procedure to fit Models with High-dimensional Fixed Effects[J]. Stata Journal, 2010, 10(4): 628-649.

[35] Gurley J G, Shaw E S. Money in a Theory of Finance[J]. Journal of Economics &

Business Administration, 1961, 103: 99-103.

[36] Hamilton J D. A New Approach to the Economic Analysis of Nonstationary Time Series and the Business Cycle[J]. Econometrica, 1989, 57(2): 357-384.

[37] Hansen B E. Threshold Effects in Non-dynamic Panels: Estimation, Testing, and Inference[J]. Journal of Econometrics, 1999, 93(2): 345-368.

[38] Hassan M K, Sanchez B, Yu J S. Financial Development and Economic Growth: New Evidence from Panel Data[J]. The Quarterly Review of Economics and Finance, 2011, 51(1): 88-104.

[39] Hellmann T, Murdock K, Stiglitz J. Financial Restraint: Towards a New Paradigm[M]//Aoki M, Ki H-K, Okuno-Fujiwara N The Role of Government in East Asian Economic Development: Comparative Institutional Analysis. Oxford: Clarendon Press, 1997.

[40] Jedidia B K, Boujelbène T, Helali K. Financial Development and Economic Growth: New Evidence from Tunisia[J]. Journal of Policy Modeling, 2014, 36(5): 883-898.

[41] Kelejian H H, Prucha I R. HAC Estimation in a Spatial Framework[J]. Journal of Econometrics, 2007, 140(1): 131-154.

[42] Krippner G R. The Financialization of the American Economy[J]. Socio-Economic Review, 2005, 3(2): 173-208.

[43] Krolzig H-M, Toro J. A new Approach to the Analysis of Shocks and the Cycle in a Model of Output and Employment[R]. Economics Working Papers eco 99/30, European University Institute, 1998.

[44] Krolzig H-M. Markov-switching Vector Autoregressions: Modelling, Statistical Inference and Application to Business Cycle Analysis[M]. Berlin: Springer, 1997.

[45] Lapavitsas C. Theorizing Financialization[J]. Work, Employment & Society, 2011, 25(4): 616-626.

[46] Lee L-F. Asymtotic Distributions of Quasi-Maximum Likelihood Estimators for Spatial Autoregressive Models[J]. Econometrica, 2004, 72(6): 1899-1925.

[47] LeSage J, Pace R K. Introduction to Spatial Econometrics[M]. New

York: CRC Press Taylor and Francis Group, 2009.

[48] Lind J T, Mehlum H . With or Without U? The Appropriate Test for a U-Shaped Relationship [J]. Oxford Bulletin of Economics and Statistics, 2010, 72(1): 109-118.

[49] Mata T D L, Llano C . Social Networks and Trade of Services: Modelling Interregional Flows with Spatial and Network Autocorrelation Effects [J]. Journal of Geographical Systems, 2013, 15(3): 319-367.

[50] McKinnon R I. Money and Capital in Economic Development[M]. Washington, D. C.: The Brookings Institution, 1973.

[51] Merton R C, Bodie Z. A Conceptual Framework for Analyzing the Financial system[J]. The Global Financial System: A Functional Perspective, 1995: 3-31.

[52] Modigliani F, Miller M H. The Cost of Capital, Corporation Finance and the Theory of Investment[J]. The American Economic Review, 1958, 48(3): 261-297.

[53] Moosa I A. Does Financialization Retard Growth? Time Series and Cross-sectional Evidence[J]. Applied Economics, 2018, 50(31): 3405-3415.

[54] Nakajima J. Time-varying Parameter VAR Model with Stochastic Volatility: An Overview of Methodology and Empirical Applications[J]. Monetary and Economic Studies, 2011, 29: 107-142.

[55] Orhangazi Ö. Financialization of the US Economy and Its Effects on Capital Accumulation: A Theoretical and Empirical Investigation[D]. University of Massachusetts Amherst, 2006.

[56] Ohno K, Gurley J G and Shaw E S. Money in a Theory of Fincmce[J]. Journol of Economics & Business Administration, 1961, 103: 99-103.

[57] Pagano M . Financial Markets and Growth: An Overview[J]. European Economic Review, 1993, 37(2/3): 613-622.

[58] Palley T I. Financialization: What It Is and Why It Matters? [R]. The Levy Economics Institute Working Paper, 2007.

[59] Peress J . Learning from Stock Prices and Economic Growth[J]. The Review of Financial Studies, 2011, 27(10): 2998-3059.

[60] Rioja F, Valev N . Stock Markets, Banks and the Sources of Economic

Growth in Low and High Income Countries[J]. Journal of Economics and Finance, 2014, 38(2): 302-320.

[61] Rousseau P L, Wachtel P . Equity Markets and Growth: Cross-Country Evidence on Timing and Outcomes, 1980 - 1995 [J]. Journal of Banking and Finance, 2000, 24(12): 1933-1957.

[62] Shaw E S. Financial Deepening in Economic Development [M]. New York: Oxford University Press, 1973.

[63] Shen C-H, Lee C-C. Same Financial Development Yet Different Economic Growth: Why? [J]. Journal of Money, Credit and Banking, 2006, 38(7): 1907-1944.

[64] Stockhammer E . Financialization and the Slowdown of Accumulation[J]. Cambridge Journal of Economics, 2004, 28(5): 719-741.

[65] Stulz R M. Rethinking Risk Management [J]. Journal of Applied Corporate Finance, 1996, 9(3): 8-25.

[66] Sweezy P M, Magdoff H. The Dynamics of U. S. Capitalism: Corporate Structure, Inflation, Credit, Gold. and the Dollar [M]. New York, London: Monthly Review Press, 1972.

[67] Sweezy P M. More(or Less)on Globalization[J]. Monthly Review, 1997, 49(4): 3-4.

[68] Tibshirani R. Regression Shrinkage and Selection via the Lasso [J]. Journal of the Royal Statistical Society, 1996, 58(1): 267-288.

[69] Tobin J. On the Efficiency of the Financial-System[J]. Lloyd's Bank Annual Review, 1984(153): 1-15.

[70] Tomaskovic-Devey D, Lin K-H, Meyers N . Did Financialization Reduce Economic Growth? [J]. Socio-Economic Review, 2015, 13(3): 525-548.

[71] Tori D, Onaran Ö. The Effects of Financialisation and Financial Development on Investment: Evidence from Firm-Level Data in Europe [R]. Post Keynesian Economics Stud Group Working Paper1705, 2017.

[72] Tridico P, Pariboni R . Inequality, Financialization and Economic Decline [J]. Journal of Post Keynesian Economics, 2018, 41(2): 236-259.

[73] Xu G . The Costs of Patronage: Evidence from the British Empire[J].

American Economic Review, 2018, 108(11): 3170-3198.

[74] 安虎森，李锦．适度的“政策梯度”是实现区域协调发展的战略选项：基于新经济地理学循环累积因果聚集机制的探讨[J]．学术月刊，2010，42(1)：73-79.

[75] 巴曙松，韩明睿．基于SVAR模型的金融形势指数[J]．宏观经济研究，2011(4)：26-31，79.

[76] 柏玲，姜磊．金融支持区域创新的竞争和溢出效应——基于空间面板杜宾模型的研究[J]．上海经济研究，2013，25(7)：13-23.

[77] 蔡明荣，任世驰．企业金融化：一项研究综述[J]．财经科学，2014(7)：41-51.

[78] 曹源芳．我国实体经济与虚拟经济的背离关系——基于1998—2008年数据的实证研究[J]．经济社会体制比较，2008(6)：57-62.

[79] 陈林心，何宜庆．金融集聚、产业结构优化与生态效率提升——基于省域数据的空间面板模型[J]．企业经济，2016(3)：178-182.

[80] 陈享光，郭祎．中国金融化发展对实体经济的影响[J]．学习与探索，2016(12)：94-103+176.

[81] 陈享光．金融化与现代金融资本的积累[J]．当代经济研究，2016(1)：5-15，97.

[82] 成思危．虚拟经济的基本理论及研究方法[J]．管理评论，2009，21(1)：3-18.

[83] 成思危．虚拟经济与金融危机[J]．管理科学学报，1999(1)：4-9.

[84] 初春，吴福象．金融集聚、空间溢出与区域经济增长——基于中国31个省域空间面板数据的研究[J]．经济问题探索，2018(10)：79-86.

[85] 戴赜，彭俞超，马思超．从微观视角理解经济“脱实向虚”——企业金融化相关研究述评[J]．外国经济与管理，2018，40(11)：31-43.

[86] 邓创，滕立威，徐曼．中国金融状况的波动特征及其宏观经济效应分析[J]．国际金融研究，2016(3)：17-27.

[87] 邓创，徐曼．中国的金融周期波动及其宏观经济效应的时变特征研究[J]．数量经济技术经济研究，2014，31(9)：75-91.

[88] 邓若冰，刘颜．工业集聚、空间溢出与区域经济增长——基于空间

面板杜宾模型的研究[J]. 经济问题探索，2016(1)：66-76.

[89] 豆晓利．基于空间模型的中国金融集聚对区域经济增长的溢出作用分析[J]. 区域经济评论，2013(6)：113-120.

[90] 杜勇，刘龙峰，鄢波．机构投资者增持、高管激励与亏损公司未来业绩[J]. 中央财经大学学报，2018(1)：53-67.

[91] 杜勇，张欢，陈建英．金融化对实体企业未来主业发展的影响：促进还是抑制[J]. 中国工业经济，2017(12)：113-131.

[92] 范巧，Darren H. 一种新的包含可变时间效应的内生时空权重矩阵构建方法[J]. 数量经济技术经济研究，2018，35(1)：131-149.

[93] 范巧，石敏俊．基于结构匹配性和有效相关性的内生时空权重矩阵遴选方法[J]. 数量经济研究，2018，9(2)：114-135.

[94] 高天一，丁宇刚．财险公司业务集中度对再保险需求的非线性影响研究[J]. 保险研究，2019(10)：59-72.

[95] 韩微微，燕小青．我国货币供给与实体经济偏离的溢出效应分析[J]. 科技与管理，2014，16(3)：119-122.

[96] 胡东婉，宋玉祥．金融集聚对区域经济增长的溢出效应研究[J]. 中南财经政法大学学报，2017(4)：30-34+45.

[97] 胡久凯，王艺明．我国财政政策的调控效果分析——基于政策不确定性视角[J]. 财政研究，2020(1)：59-73.

[98] 胡奕明，王雪婷，张瑾．金融资产配置动机："蓄水池"或"替代"？——来自中国上市公司的证据[J]. 经济研究，2017，52(1)：181-194.

[99] 黄贤环，吴秋生，王瑶．实体企业资金"脱实向虚"：风险、动因及治理[J]. 财经科学，2018(11)：83-94.

[100] 贾高清．金融发展对实体经济的影响——基于社会融资规模的视角[J]. 工业技术经济，2020，39(1)：77-86.

[101] 姜松，孙玉鑫．数字经济对实体经济影响效应的实证研究[J]. 科研管理，2020，41(5)：32-39.

[102] 姜松，王钊，刘晗．中国经济金融化与城镇化的空间计量分析——基于直接效应与间接效应分解[J]. 贵州财经大学学报，2017(3)：70-83.

[103] 金发奇，文茜．金融集聚、空间溢出与城镇化——基于2005~2014

年省级面板数据的实证研究[J]. 工业技术经济，2016，35(11)：34-41.

[104] 晋盛武，晋青青. 金融化对企业投资的影响[J]. 财会月刊，2018(12)：160-166.

[105] 李标，宋长旭，吴贾. 创新驱动下金融集聚与区域经济增长[J]. 财经科学，2016(1)：88-99.

[106] 李婧，谭清美，白俊红. 中国区域创新生产的空间计量分析——基于静态与动态空间面板模型的实证研究[J]. 管理世界，2010(7)：43-55+65.

[107] 李林，丁艺，刘志华. 金融集聚对区域经济增长溢出作用的空间计量分析[J]. 金融研究，2011(5)：113-123.

[108] 李强，徐康宁. 金融发展、实体经济与经济增长——基于省级面板数据的经验分析[J]. 上海经济研究，2013，25(9)：3-11+57.

[109] 李青原，李江冰，江春，等. 金融发展与地区实体经济资本配置效率——来自省级工业行业数据的证据[J]. 经济学(季刊)，2013，12(2)：527-548.

[110] 李晓西，杨琳. 虚拟经济、泡沫经济与实体经济[J]. 财贸经济，2000(6)：5-11.

[111] 李有生，胡洪力. 外商直接投资、人力资本对中部六省内生经济增长贡献的实证分析[J]. 经济经纬，2010(6)：57-60.

[112] 李玉蓉，徐宁. 我国货币中介指标有效性的实时对比——兼论社会融资规模的适用性[J]. 西安交通大学学报(社会科学版)，2018，38(4)：23-30.

[113] 李正辉，彭佳颖，张羽. 基于偏最小二乘的虚拟经济对实体经济影响研究[J]. 财经理论与实践，2013，34(4)：89-94.

[114] 连玉君，彭方平，苏治. 融资约束与流动性管理行为[J]. 金融研究，2010(10)：158-171.

[115] 林光平，龙志和，吴梅. 我国地区经济收敛的空间计量实证分析：1978—2002 年[J]. 经济学(季刊)，2005(S1)：67-82.

[116] 林毅夫，孙希芳，姜烨. 经济发展中的最优金融结构理论初探[J]. 经济研究，2009，44(8)：4-17.

[117] 刘华军，张权，杨骞. 城镇化、空间溢出与区域经济增长——基于空间回归模型偏微分方法及中国的实证[J]. 农业技术经济，2014(10)：95-105.

[118] 刘金全，解瑶姝. “新常态”时期货币政策时变反应特征与调控模式

选择[J]. 金融研究，2016(9)：1-17.

[119] 刘骏民，刘晓欣. 经济增长理论创新及其对中国经济的实践意义——兼论如何重开中国经济高增长之门[J]. 政治经济学评论，2016，7(6)：74-112.

[120] 刘骏民，伍超明. 虚拟经济与实体经济关系模型——对我国当前股市与实体经济关系的一种解释[J]. 经济研究，2004(4)：60-69.

[121] 刘骏民，张国庆. 虚拟经济介稳性与全球金融危机[J]. 江西社会科学，2009(7)：79-85.

[122] 刘涛. 金融化对非金融上市公司投资效率的影响研究[J]. 中国物价，2018(4)：36-39.

[123] 刘伟，曹瑜强. 机构投资者驱动实体经济"脱实向虚"了吗[J]. 财贸经济，2018，39(12)：80-94.

[124] 刘晓欣，张耀. 中国区域经济增长的空间分布与空间关联——基于实体经济与虚拟经济的视角[J]. 经济理论与经济管理，2020(6)：4-20.

[125] 刘雅娇，胡静波. 银行业信贷对实体经济增长的影响研究——基于我国31个省级地区面板数据的实证分析[J]. 南京审计大学学报，2018，15(5)：86-93.

[126] 刘志彪. 实体经济与虚拟经济互动关系的再思考[J]. 学习与探索，2015(9)：82-89.

[127] 龙迎客，罗斌. 企业金融化对我国制造业企业资本配置效率的影响[J]. 金融经济，2019(4)：59-62.

[128] 鲁春义，丁晓钦. 经济金融化行为的政治经济学分析——一个演化博弈框架[J]. 财经研究，2016，42(7)：52-62+74.

[129] 罗来军，蒋承，王亚章. 融资歧视、市场扭曲与利润迷失——兼议虚拟经济对实体经济的影响[J]. 经济研究，2016，51(4)：74-88.

[130] 罗能生，罗富政. 改革开放以来我国实体经济演变趋势及其影响因素研究[J]. 中国软科学，2012(11)：19-28.

[131] 潘海英，周敏. 金融化对实体经济增长的非线性效应及阶段特征[J]. 金融经济学研究，2019，34(1)：18-27+42.

[132] 裴平，熊鹏. 我国货币政策传导过程中的"渗漏"效应[J]. 经济研

究，2003(8)：21-27+91.

[133] 裴祥宇．美国经济金融化测度研究[J]. 商业研究，2017(1)：91-99.

[134] 秦晓．金融业的"异化"和金融市场中的"虚拟经济"[J]. 改革，2000(1)：74-90.

[135] 冉光和，陈娟，张冰．基准利率、社会融资规模与实体经济增长[J]. 工业技术经济，2015，34(2)：41-47.

[136] 任重道，朱贻庭．过度金融化产生的道德风险[J]. 上海财经大学学报，2009，11(5)：14-17+20.

[137] 尚玉皇，郑挺国．中国金融形势指数混频测度及其预警行为研究[J]. 金融研究，2018(3)：21-35.

[138] 盛明泉，汪顺，商玉萍．金融资产配置与实体企业全要素生产率："产融相长"还是"脱实向虚"[J]. 财贸研究，2018，29(10)：87-97+110.

[139] 宋博．中国经济金融化适配经济增长的路径分析[J]. 理论学刊，2023(2)：123-131.

[140] 宋军，陆旸．非货币金融资产和经营收益率的 U 形关系——来自我国上市非金融公司的金融化证据[J]. 金融研究，2015(6)：111-127.

[141] 苏方林．中国省域 R&D 溢出的空间模式研究[J]. 科学学研究，2006(5)：696-701.

[142] 苏治，方彤，尹力博．中国虚拟经济与实体经济的关联性——基于规模和周期视角的实证研究[J]. 中国社会科学，2017(8)：87-109+205-206.

[143] 孙江永，刘真，李淑云．贸易政策不确定性、对外贸易市场集中度与实体企业金融化[J]. 世界经济研究，2023(10)：77-88+136.

[144] 唐松．中国金融资源配置与区域经济增长差异——基于东、中、西部空间溢出效应的实证研究[J]. 中国软科学，2014(8)：100-110.

[145] 田新民，武晓婷．中国经济金融化的测度及路径选择[J]. 商业研究，2018(8)：78-87.

[146] 汪发元，郑军．科技创新、金融发展与实体经济增长——基于长江经济带的动态空间模型分析[J]. 经济经纬，2019，36(4)：157-164.

[147] 王谦，董艳玲．中国实体经济发展的地区差异及分布动态演进[J]. 数量经济技术经济研究，2018，35(5)：77-94.

[148] 吴军，陈丽萍．非金融企业金融化程度与杠杆率变动的关系——来自A股上市公司和发债非上市公司的证据[J]．金融论坛，2018，23(1)：3-15+51.

[149] 吴立波．虚拟经济及其影响[J]．经济学家，2000(5)：46-51.

[150] 吴拥政，颜日初．中部六省地级市区金融发展与经济增长的空间面板分析[J]．统计与信息论坛，2009，24(3)：63-71.

[151] 武鹏飞，戴国强．我国最优货币政策代理变量识别的研究——基于货币政策响应和传导的双重视角分析[J]．商业研究，2019(11)：119-130.

[152] 肖功为，刘洪涛，郭建华．制度创新、金融发展与实体经济增长——基于空间杜宾模型的实证研究[J]．经济问题探索，2018(8)：85-94.

[153] 肖雨．经济金融化的概念与测度：基于美国数据的AHP分析[J]．中共杭州市委党校学报，2014(5)：58-64.

[154] 谢家智，王文涛，江源．制造业金融化、政府控制与技术创新[J]．经济学动态，2014(11)：78-88.

[155] 徐国祥，郑雯．中国金融状况指数的构建及预测能力研究[J]．统计研究，2013，30(8)：17-24.

[156] 徐浩，冯涛，张蕾．金融发展、政府干预与资本配置效率——基于中国1978-2013年的经验分析[J]．上海经济研究，2015(10)：40-48.

[157] 徐云松，齐兰．区域金融化、地方政府干预与产业结构升级[J]．贵州社会科学，2017(11)：124-132.

[158] 杨慧，李超．中国城市房价影响因素及贡献度研究——基于R^2的相对重要性分解[J]．经济问题探索，2019(11)：49-62.

[159] 杨居正．中国经济金融化趋势浅析[J]．技术与市场，2013，20(5)：329-330+332.

[160] 杨胜刚，阳旸．资产短缺与实体经济发展——基于中国区域视角[J]．中国社会科学，2018(7)：59-80+205-206.

[161] 尹福禄，申博．金融集聚、空间溢出与区域经济增长——基于省级面板数据的空间计量分析[J]．哈尔滨商业大学学报(社会科学版)，2018(3)：59-67.

[162] 余辉，余剑．我国金融状况指数构建及其对货币政策传导效应的启

示——基于时变参数状态空间模型的研究[J]. 金融研究，2013(4)：85-98.

[163] 张成思，张步昙．再论金融与实体经济：经济金融化视角[J]. 经济学动态，2015(6)：56-66.

[164] 张成思，张步昙．中国实业投资率下降之谜：经济金融化视角[J]. 经济研究，2016，51(12)：32-46.

[165] 张虎，韩爱华．金融集聚、创新空间效应与区域协调机制研究——基于省级面板数据的空间计量分析[J]. 中南财经政法大学学报，2017(1)：10-17.

[166] 张林，冉光和，陈丘．区域金融实力、FDI 溢出与实体经济增长——基于面板门槛模型的研究[J]. 经济科学，2014(6)：76-89

[167] 张林，张维康．金融服务实体经济增长的效率及影响因素研究[J]. 宏观质量研究，2017，5(1)：47-60.

[168] 张林．金融发展、科技创新与实体经济增长——基于空间计量的实证研究[J]. 金融经济学研究，2016，31(1)：14-25.

[169] 张慕濒，孙亚琼．金融资源配置效率与经济金融化的成因——基于中国上市公司的经验分析[J]. 经济学家，2014(4)：81-90.

[170] 张慕濒，诸葛恒中．全球化背景下中国经济的金融化：涵义与实证检验[J]. 世界经济与政治论坛，2013(1)：122-138.

[171] 张清正．我国区域经济增长差异及影响因素分析[J]. 经济问题探索，2014(12)：95-98.

[172] 张同功，刘江薇．新时期中国金融支持实体经济发展的区域差异[J]. 区域经济评论，2018(3)：84-95.

[173] 张亦春，王国强．金融发展与实体经济增长非均衡关系研究——基于双门槛回归实证分析[J]. 当代财经，2015(6)：45-54.

[174] 赵杜悦，宋保胜，刘淼，等．企业金融化分析与创新投入调节效应——基于 2015—2021 年沪深 A 股传统制造业上市公司的经验证据[J]. 管理学刊，2024，37(2)：140-158.

[175] 赵奉军，骆祖春．经济政策不确定性与房地产投资[J]. 现代经济探讨，2019(11)：13-20.

[176] 赵儒煜，常忠利．经济高质量发展的空间差异及影响因素识别[J]. 财经问题研究，2020(10)：22-29.

[177] 赵显洲．人力资本与中部地区经济增长——基于卢卡斯人力资本外溢模型的实证分析[J]. 现代经济探讨，2012(5)：63-67.

[178] 郑苏晋，乔恒，蒙羞叶．保险业服务经济增长：路径及影响机制——多种时间序列模型和基于 EGLS 的 bootstrap 检验[J]. 管理评论，2019，31(6)：14-22.

[179] 郑小琴．测度我国的金融周期：基于奇异谱的分析[J]. 金融理论与实践，2018(8)：40-45.

[180] 仲深，杜磊．金融集聚对区域经济增长的影响研究——基于空间面板数据的计量经济分析[J]. 工业技术经济，2018，37(4)：62-69.

[181] 周彬，谢佳松．虚拟经济的发展抑制了实体经济吗？——来自中国上市公司的微观证据[J]. 财经研究，2018，44(11)：74-89.

[182] 周慧，苗洪亮，曾冰．创新驱动、城镇化与区域经济增长——基于空间溢出及门槛效应的实证分析[J]. 经济问题探索，2017(4)：95-102.

[183] 朱秋分，卢二坡．中国金融周期的测度与分析[J]. 兰州财经大学学报，2018，34(5)：40-54.

[184] 朱喜安，李文静．金融发展与实体经济区域差异研究——基于夏普利值分解模型[J]. 经济问题探索，2019(2)：109-117.

附　录

附表 1　实体经济指标分区制设定结果

区制 1	概率	区制 2	概率	区制 3	概率
2000-10～2001-02	[0.9849]	2000-06～2000-09	[0.9661]	2000-05～2000-05	[1.0000]
2001-12～2002-01	[1.0000]	2001-03～2001-04	[0.9873]	2001-05～2001-05	[0.9925]
2002-11～2003-01	[0.9981]	2001-06～2001-11	[0.9341]	2003-02～2003-04	[0.9997]
2003-11～2003-12	[0.9229]	2002-02～2002-10	[0.9696]	2007-01～2007-03	[0.9986]
2004-02～2004-02	[1.0000]	2003-05～2003-10	[0.9543]	2007-07～2007-09	[0.9916]
2005-01～2005-02	[0.7666]	2004-01～2004-01	[0.8748]	2007-12～2008-03	[0.9999]
2006-12～2006-12	[0.9880]	2004-03～2004-12	[0.9120]	2010-12～2011-02	[0.9999]
2008-10～2009-03	[0.9896]	2005-03～2006-11	[0.9952]	2012-03～2012-03	[0.9712]
2011-10～2011-10	[0.9695]	2007-04～2007-06	[0.9895]	2013-04～2013-05	[0.9636]
2011-12～2012-02	[0.9949]	2007-10～2007-11	[0.9969]	2016-03～2016-03	[0.9978]
2012-12～2013-01	[0.9586]	2008-04～2008-09	[0.9803]	2017-02～2017-02	[0.9953]
2013-12～2014-01	[0.8313]	2009-04～2010-11	[0.9861]	2019-02～2019-06	[0.9996]
2015-02～2015-03	[0.9999]	2011-03～2011-09	[0.9960]		
2015-12～2016-02	[0.9425]	2011-11～2011-11	[0.7169]		
2016-12～2016-12	[0.6744]	2012-04～2012-11	[0.9974]		
2017-12～2018-02	[0.9854]	2013-02～2013-03	[0.7377]		
2018-11～2019-01	[0.9947]	2013-06～2013-11	[0.9979]		
		2014-02～2015-01	[0.9578]		
		2015-04～2015-11	[0.9616]		
		2016-04～2016-11	[0.9960]		
		2017-01～2017-01	[0.7230]		
		2017-03～2017-11	[0.9883]		
		2018-03～2018-10	[0.9473]		

附表 2　MS-VAR 模型的区制设定结果

区制 1	概率	区制 2	概率	区制 3	概率
2001-01~2001-02	0.9977	2000-12~2000-12	0.4996	2000-03~2000-11	0.9576
2003-01~2003-01	0.9824	2001-03~2002-12	0.9546	2005-08~2006-04	0.9977
2008-01~2008-01	0.7725	2003-02~2005-07	0.9889	2006-12~2007-01	0.9591
2008-10~2008-10	0.9944	2006-05~2006-11	0.8989	2010-07~2011-01	0.9981
2008-12~2009-01	1.0000	2007-02~2007-12	0.9656	2015-09~2015-10	0.8284
2009-12~2010-01	1.0000	2008-02~2008-09	0.9410	2016-04~2016-04	0.7170
2011-02~2011-02	0.9999	2008-11~2008-11	0.9997		
2012-12~2013-01	0.9254	2009-02~2009-11	0.9323		
2014-01~2014-02	0.8905	2010-02~2010-06	0.9724		
2015-02~2015-03	0.9941	2011-03~2012-11	0.9892		
2015-12~2016-01	0.9998	2013-02~2013-12	0.9935		
2016-12~2017-01	1.0000	2014-03~2015-01	0.9511		
2017-12~2018-02	0.9999	2015-04~2015-08	0.7904		
2018-12~2019-04	1.0000	2015-11~2015-11	0.7782		
		2016-02~2016-03	0.9471		
		2016-05~2016-11	0.9227		
		2017-02~2017-11	0.9938		
		2018-03~2018-11	0.9875		
		2019-05~2019-06	0.9114		

附表 3　金融化影响实体经济的分阶段实证结果

样本阶段	变量	系数	稳健标准差	t 值	P>|t|	95%置信区间
全样本	FI	-0.026	0.0068663	-3.76	0.000	[-0.0393206, -0.0122585]
	IMEX	0.044	0.0116038	3.75	0.000	[0.0206901, 0.0664243]
	STCJ	-0.001	0.0017411	-0.81	0.418	[-0.0048427, 0.0020197]
	SEC	0.224	0.0967051	2.31	0.022	[0.0329631, 0.4141086]
	GDE	-0.003	0.0014189	-1.97	0.050	[-0.0055896, 2.79e-06]
	FIC	-0.072	0.0260969	-2.74	0.007	[-0.1230476, -0.0201916]
	EX	0.036	0.0234776	1.52	0.131	[-0.0106668, 0.0818658]
	INV	0.010	0.010755	0.93	0.355	[-0.0112274, 0.0311614]
	CON	-0.002	0.0013455	-1.48	0.140	[-0.0046469, 0.0006564]
	INTE	-0.001	0.0003753	-1.98	0.049	[-0.0014814, -2.12e-06]
	常数项	0.0001	0.0002449	0.23	0.818	[-0.0004261, 0.0005391]
第一阶段	FI	-0.041	0.0128706	-3.22	0.002	[-0.0668853, -0.0159701]
	IMEX	0.0518	0.0165643	3.09	0.002	[0.0183573, 0.0838843]
	STCJ	0.001	0.002758	0.33	0.741	[-0.0045422, 0.0063681]
	INV	0.025	0.0074376	3.41	0.001	[0.0106786, 0.0401013]
	FIC	-0.111	0.0439078	-2.53	0.013	[-0.1979723, -0.0242762]
	GDE	-0.002	0.001585	-1.38	0.170	[-0.0053198, 0.0009506]
	EX	0.017	0.0352475	0.48	0.636	[-0.0529738, 0.0864627]
	SEC	-0.134	0.1053586	-1.27	0.207	[-0.3419557, 0.0748346]
	CON	-0.003	0.0022147	-1.24	0.218	[-0.007121, 0.0016402]
	INTE	-0.001	0.0004958	-1.78	0.077	[-0.0018656, 0.0000958]
	常数项	-0.0001	0.0003063	-0.33	0.743	[-0.0007066, 0.000505]
第二阶段	FI	0.006	0.0113262	0.51	0.611	[-0.016741, 0.0283137]
	IMEX	0.031	0.0128919	2.41	0.018	[0.0054135, 0.0566964]
	FIC	-0.028	0.0205974	-1.37	0.175	[-0.0691642, 0.0127707]
	SFC	0.889	0.0831303	10.69	0.000	[0.7235858, 1.054271]
	STCJ	-0.001	0.0027849	-0.23	0.822	[-0.0061678, 0.0049102]
	CON	-0.0001	0.0012605	-0.12	0.907	[-0.0026543, 0.0023598]
	常数项	0.0004	0.0002602	1.47	0.145	[-0.0001352, 0.0009]

附表 4 控制不同固定效应的稳健性检验实证结果

变量	Pool 模型	固定效应的类型			
		年份和行业	年份和省份	行业和省份	年份、行业和省份
常数项	14.748*** (1.103)	19.563*** (1.166)	15.572*** (1.117)	19.825*** (1.171)	19.758*** (1.176)
Finap	-1.268*** (0.172)	-1.213*** (0.171)	-1.157*** (0.170)	-1.100*** (0.170)	-1.121*** (0.170)
Comb	-1.107*** (0.284)	-0.814*** (0.285)	-0.731*** (0.283)	-0.545* (0.284)	-0.541* (0.284)
Listage	0.476*** (0.021)	0.460*** (0.022)	0.448*** (0.022)	0.438*** (0.022)	0.440*** (0.023)
Cstock	0.039*** (0.008)	0.019** (0.008)	0.041*** (0.008)	0.022*** (0.008)	0.023*** (0.008)
Lnta	-1.372*** (0.090)	-1.667*** (0.092)	-1.390*** (0.090)	-1.652*** (0.093)	-1.655*** (0.093)
LOAR	0.035*** (0.007)	0.037*** (0.007)	0.027*** (0.007)	0.030*** (0.007)	0.030*** (0.007)
NADR	0.486*** (0.091)	0.559*** (0.091)	0.408*** (0.090)	0.470*** (0.091)	0.469*** (0.091)
ROE	-0.098*** (0.008)	-0.094*** (0.008)	-0.086*** (0.008)	-0.085*** (0.008)	-0.085*** (0.008)
YYSR	-0.011*** (0.003)	-0.009*** (0.003)	-0.010*** (0.003)	-0.009*** (0.003)	-0.009*** (0.003)
年份	否	是	是	否	是
行业	否	是	否	是	是
省份	否	否	是	是	是
观测值	24197	24197	24197	24197	24197
R^2	0.0460	0.0589	0.0681	0.0759	0.0768
Adj. R^2	0.0457	0.0576	0.0662	0.0738	0.0743

注：括号内为标准差，***、**和*分别表示在1%、5%和10%水平上显著。

附表 5　非线性稳健性检验的实证结果

变量	Pool 模型	固定效应的类型			
		年份和行业	年份和省份	行业和省份	年份、行业和省份
常数项	14.643*** (1.104)	19.473*** (1.166)	15.462*** (1.117)	19.717*** (1.171)	19.654*** (1.177)
Finap	−1.617*** (0.231)	−1.598*** (0.230)	−1.512*** (0.228)	−1.531*** (0.228)	−1.536*** (0.228)
Finapsq	0.165** (0.073)	0.182** (0.072)	0.169** (0.072)	0.204*** (0.072)	0.197*** (0.072)
Comb	−1.118*** (0.284)	−0.824*** (0.285)	−0.742*** (0.283)	−0.556* (0.284)	−0.552* (0.284)
Listage	0.474*** (0.021)	0.458*** (0.022)	0.447*** (0.022)	0.436*** (0.022)	0.439*** (0.023)
Cstock	0.040*** (0.008)	0.020** (0.008)	0.042*** (0.008)	0.023*** (0.008)	0.024*** (0.008)
Lnta	−1.369*** (0.090)	−1.664*** (0.092)	−1.387*** (0.090)	−1.650*** (0.093)	−1.653*** (0.093)
LOAR	0.035*** (0.007)	0.037*** (0.007)	0.026*** (0.007)	0.029*** (0.007)	0.029*** (0.007)
NADR	0.482*** (0.091)	0.554*** (0.091)	0.404*** (0.090)	0.465*** (0.091)	0.465*** (0.091)
ROE	−0.097*** (0.008)	−0.093*** (0.008)	−0.085*** (0.008)	−0.084*** (0.008)	−0.084*** (0.008)
YYSR	−0.011*** (0.003)	−0.009*** (0.003)	−0.010*** (0.003)	−0.009*** (0.003)	−0.009*** (0.003)
年份	否	是	是	否	是
行业	否	是	否	是	是
省份	否	否	是	是	是
观测值	24197	24197	24197	24197	24197
R^2	0.0462	0.0592	0.0683	0.0762	0.0771
Adj. R^2	0.0458	0.0578	0.0664	0.0741	0.0746

注：括号内为标准差，***、** 和 * 分别表示在 1%、5%和 10%水平上显著。

附表 6 不同企业分类单虚拟变量的实证结果

变量	中小型企业	大型企业	单虚拟变量回归
常数项	32.873*** (7.707)	18.659*** (4.165)	23.038*** (3.391)
Finarate	-0.492* (0.229)	-0.422*** (0.131)	-0.559*** (0.152)
Finaratest			0.743** (0.326)
Comb	-0.740 (1.005)	-0.635 (0.621)	-0.653 (0.486)
Listage	0.977*** (0.078)	0.382*** (0.048)	0.456*** (0.055)
Cstock	-0.047 (0.032)	0.041*** (0.012)	0.027** (0.010)
Lnta	-2.992*** (0.445)	-1.596*** (0.286)	-1.962*** (0.213)
LOAR	0.062** (0.027)	0.033*** (0.009)	0.039*** (0.013)
NADR	0.091 (0.283)	0.448*** (0.107)	0.465*** (0.107)
ROE	-0.065** (0.026)	-0.069*** (0.014)	-0.080*** (0.013)
YYSR	-0.008 (0.010)	-0.007 (0.006)	-0.007 (0.005)
年份	是	是	是
行业	是	是	是
省份	是	是	是
观测值	2751	19238	21989
Adj. R^2	0.117	0.073	0.074

注：括号内为标准差，***、**和*分别表示在1%、5%和10%水平上显著。

附表 7　不同企业分类双虚拟变量的实证结果

变量	大型	中型	小型	单虚拟变量回归
常数项	18.659*** (4.165)	28.583*** (7.288)	−1.894 (7.638)	22.820*** (3.368)
Finarate	−0.422*** (0.131)	−0.413 (0.254)	0.689 (0.659)	−0.006 (0.175)
Finaratestbig				−0.546* (0.274)
Finaratestsm				2.433** (1.010)
Comb	−0.635 (0.621)	−1.001 (1.203)	4.604* (1.506)	−0.676 (0.485)
Listage	0.382*** (0.048)	0.823*** (0.067)	1.743*** (0.167)	0.454*** (0.055)
Cstock	0.041*** (0.012)	−0.047 (0.032)	0.012 (0.088)	0.027** (0.012)
Lnta	−1.596*** (0.286)	−2.378*** (0.464)	−1.763 (0.848)	−1.942*** (0.217)
LOAR	0.033*** (0.009)	0.016 (0.035)	0.286*** (0.037)	0.039** (0.013)
NADR	0.448*** (0.107)	0.811* (0.395)	−2.592 (1.251)	0.459*** (0.102)
ROE	−0.069*** (0.014)	−0.052** (0.023)	−0.064 (0.105)	−0.080*** (0.014)
YYSR	−0.007 (0.006)	−0.008 (0.015)	−0.027 (0.017)	−0.007 (0.006)
年份	是	是	是	是
行业	是	是	是	是
省份	是	是	是	是
观测值	19238	2436	315	21989
Adj. R^2	0.073	0.112	0.119	0.074

注：括号内为标准差，***、**和*分别表示在1%、5%和10%水平上显著。

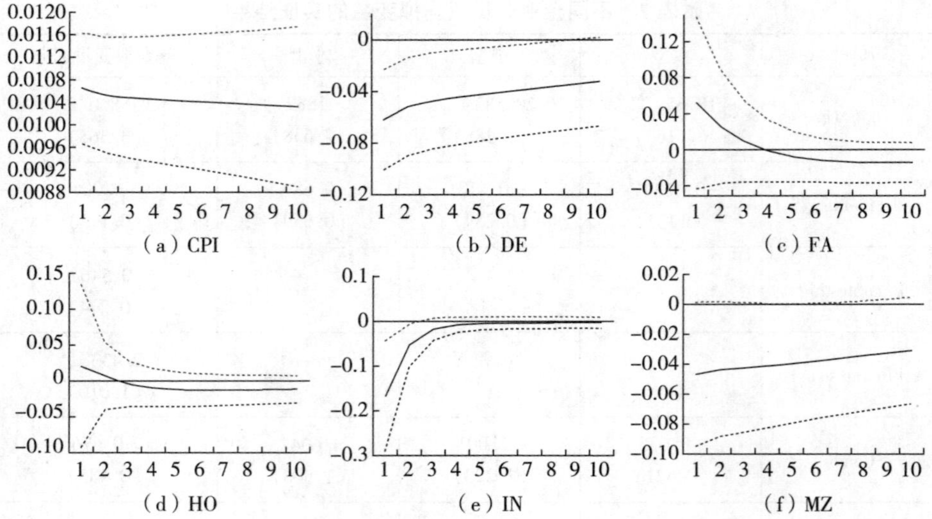

（a）CPI （b）DE （c）FA

（d）HO （e）IN （f）MZ

附图 1　SVAR 模型的脉冲响应结果

注：虚线为两倍标准差。

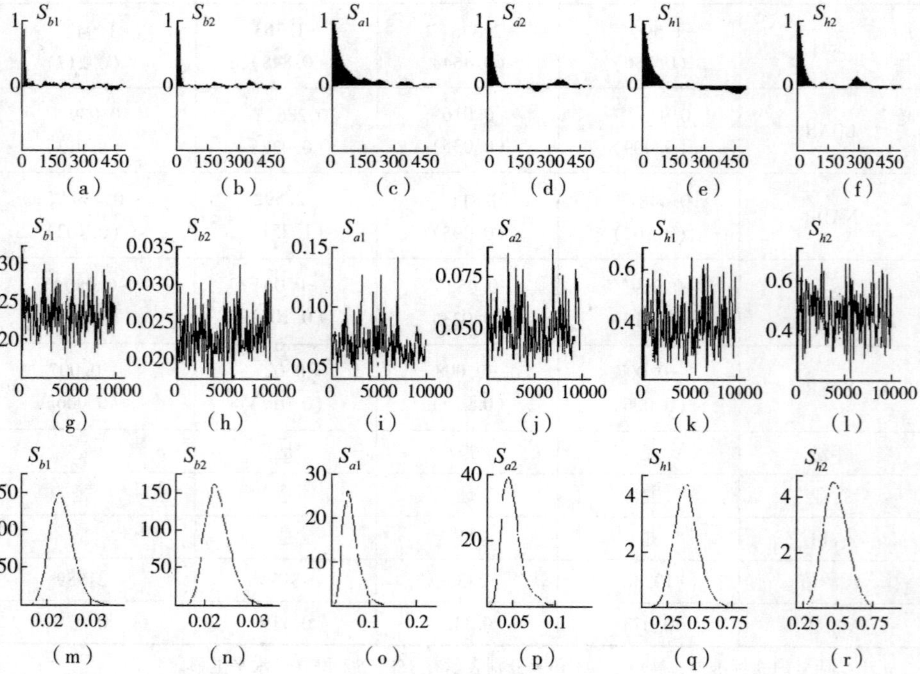

（a） （b） （c） （d） （e） （f）

（g） （h） （i） （j） （k） （l）

（m） （n） （o） （p） （q） （r）

附图 2　TVP-VAR 模型 MCMC 抽样结果

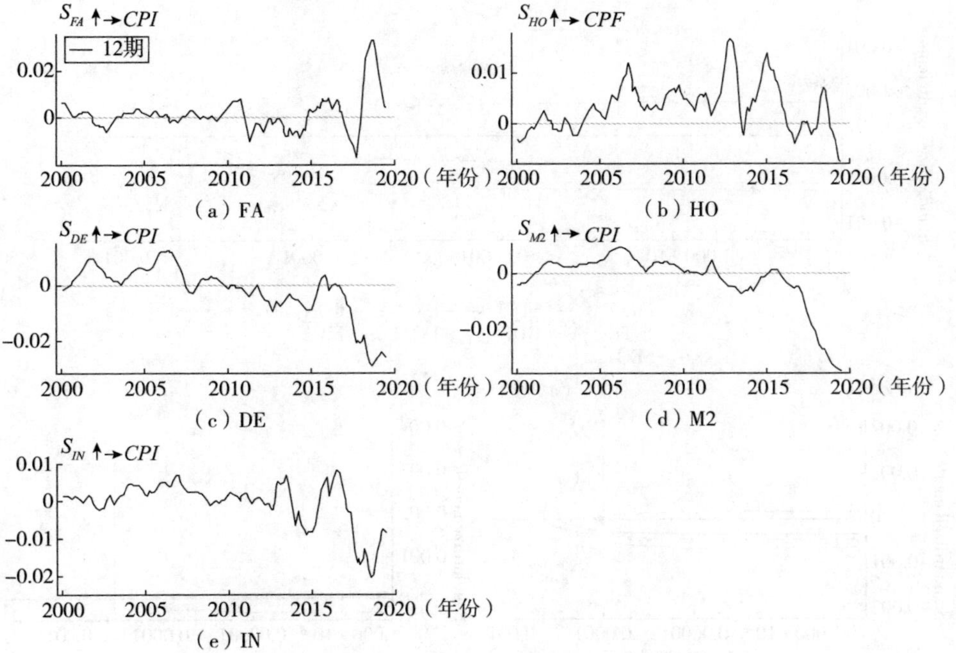

附图 3　TVP-VAR 模型的脉冲响应结果

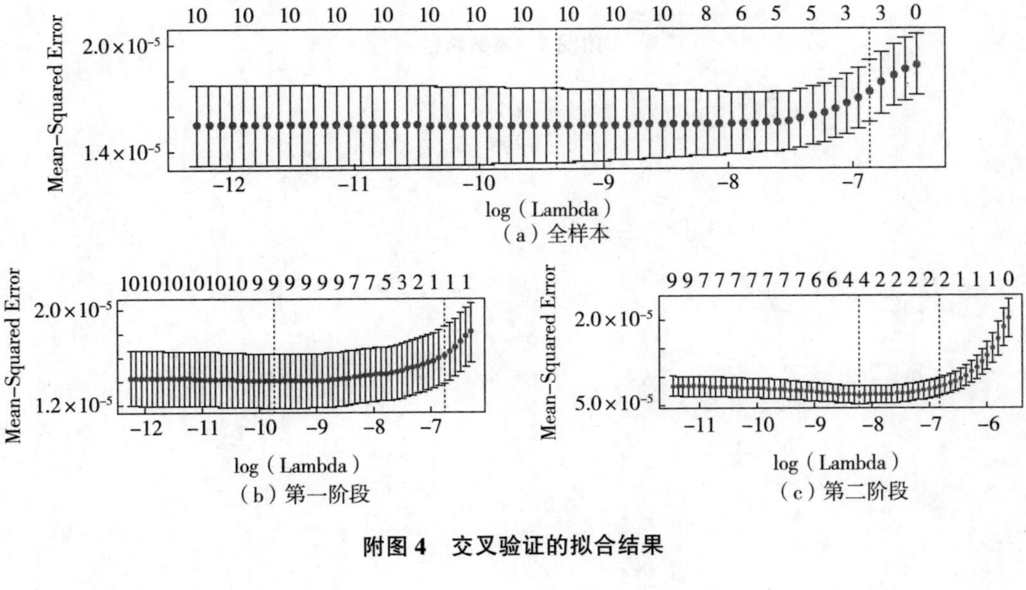

附图 4　交叉验证的拟合结果

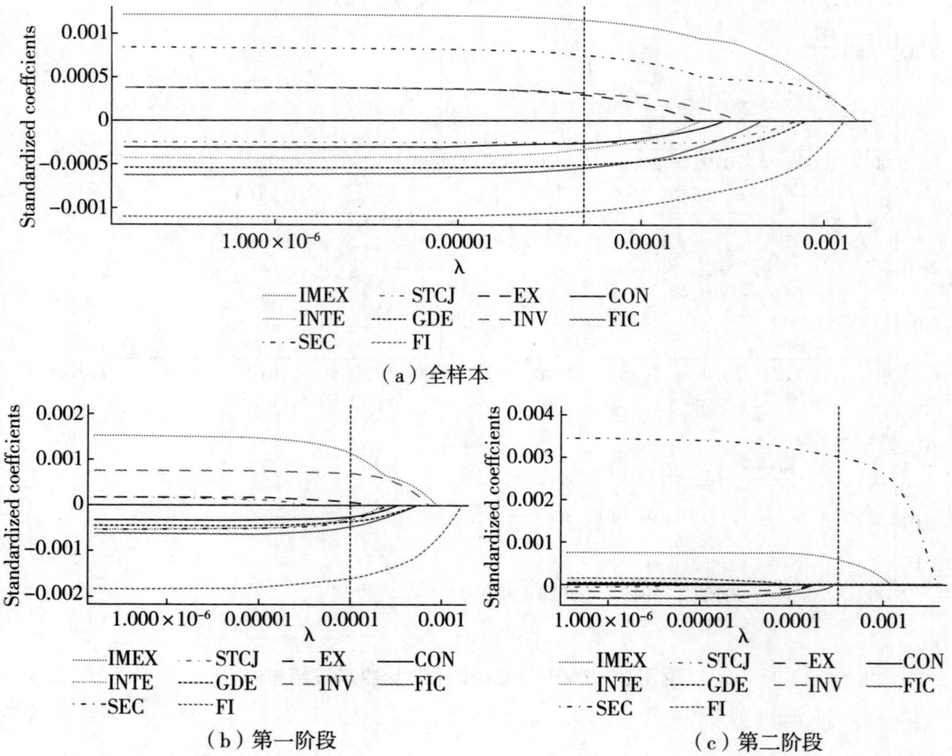
Standardized coefficients
0.001
0.0005
0
−0.0005
−0.001
1.000×10⁻⁶
0.00001
0.0001
0.001
λ
IMEX
STCJ
EX
CON
INTE
GDE
INV
FIC
SEC
FI
(a) 全样本
Standardized coefficients
0.002
0.001
0
−0.001
−0.002
λ
(b) 第一阶段
Standardized coefficients
0.004
0.003
0.002
0.001
0
λ
(c) 第二阶段

附图 5　系数路径